KB059185

한국과 일본, 역사 인식의 간극

한국과 일본, 역사 인식의 간극

2023년 3월 31일 초판 1쇄 펴냄

지은이 와타나베 노부유키
옮긴이 이규수
편집 박성근
펴낸이 신길순
펴낸곳 (주)도서출판 **삼인**
전화 02-322-1845
팩스 02-322-1846
이메일 saminbooks@naver.com
등록 1996년 9월 16일 제25100-2012-000046호
주소 (03716) 서울시 서대문구 성산로 312 북산빌딩 1층

디자인 끄레디자인
인쇄 수이북스
제책 은정

ISBN 978-89-6436-235-8 93910
값 18,000원

This work was supported by the Core University Program for Korean Studies through
the Ministry of Education of the Republic of Korea and Korean Studies Promotion
Service of the Academy of Korean Studies (AKS- 2016- OLU- 2250001)

한국과 일본, 역사 인식의 간극

동학농민전쟁, 3·1운동, 관동대지진을 둘러싼 시선

와타나베 노부유키 지음 | 이규수 옮김

삼인

한국어판 서문

  역사를 놓고 왜 다툴까? 내가 그런 의문을 품은 것은 1990년대 후
반 무렵이었다. 일본 학교에서는 역사교육을 둘러싼 논쟁이 한창이었
다. 그동안 일본 사회에서 지지를 받던 역사관(제2차 세계대전을 초래한
일본의 잘못을 인정하고 그에 대한 반성을 기본 전제로 삼는)을 거부하고, 특
히 일본이 아시아 전역에 군사력을 휘두른 근대 역사를 서술하는 방
식이 '자학사관'이라며 부정하는 움직임이 표면화되었다. 이에 따라 한
국과 중국, 일본 사이에도 역사를 둘러싼 갈등과 알력이 점차 고조되
었다.

  역사 전문 기자인 나는 대학이나 박물관, 연구소, 유적 발굴 현장
등을 방문해 연구자들의 이야기를 듣고, 학회나 연구회, 심포지엄에서
발표와 토론에 참여하며 새로운 연구 성과와 동향을 찾아다녔다. 관
심과 의문을 가득 품은 채 역사와 관련된 일이라면 무엇이든 취재했
다. 취재 대상은 주로 일본열도의 역사가 중심이었지만, 구석기시대부
터 현대에 이르기까지 정치·경제·외교·문화·종교 분야를 두루 아울
렀다. 한국, 중국, 유럽, 미국 등 외국의 역사도 가리지 않았다. 역사학
외에도 인류학, 고고학, 민속학 등의 영역으로 눈을 돌리기 위해 노력
했다. 각 학문의 역사, 즉 역사학사와 고고학사, 인류학사는 인간 예지

의 발걸음이어서 아무리 살펴봐도 질리지 않았다.

많은 분야에서 새로운 연구 성과가 정리되어 역사상歷史像이 갱신되었다. 가장 인상적이었던 것은 일본열도에서 인류의 활동이 본격화되었다고 여겨지는 조몬繩文시대를 둘러싼 연구였다. 이 시대는 일반적으로 농경과 금속이 없는 채로 일본열도에 1만 년 이상 지속된 고유의 신석기시대로 이해했다. 오랫동안 농경이 자리 잡지 못한 이유는 정체된 문화로 인해 농경에 도달하지 못한 것으로 해석했으나, 새로운 유적이 잇따라 확인되면서 어느덧 "안정된 문화 때문에 농경이 필요하지 않았다"는 시각이 힘을 얻게 되었다. 패러다임이 전환되고 새로운 역사상이 떠오른 것에 놀라 나는 "교과서를 다시 써야 한다"는 기사를 여러 차례 썼다. 그러나 그런 흥분이 가실 때마다 생각하게 된 것은, 그때까지 당연하다고 생각하고 의심하지 않던 종래의 역사상은 과연 무엇인가였다. 어느덧 역사란 어떤 구조물이 아닐까라는 생각을 하게 되었다. 지나간 과거는 그대로 역사가 될 수 없다. 필요에 의해 기록되고, 필요하기 때문에 발견된다. 어떤 소재를 선택해서 어떤 그림을 그리는지는 인간의 어떤 의도에 따른다. 별자리와 많이 닮았다. 그런 생각을 깊이 했다.

그런 나날 속에서 내가 늘 염두에 두었던 것은 역사를 둘러싼 국가 간의 대립이었다. 이와 관련된 해외 사례가 궁금했다. 독일과 폴란드, 영국과 아일랜드, 튀르키예와 아르메니아, 브라질과 아르헨티나 등 세계 곳곳에서 인근 국가들 간의 역사 갈등이 되풀이되어온 것을 알게 됐다. 역사 인식을 주제로 한 연재 기사를 다루면서 근대 국민국가는 국민과 국가를 창출하는 과정에서 필요로 하는 역사가 있음을 절감했다.

한일 갈등을 둘러싸고 일본에서는 상당수의 서적이 출판되었다. 나는 가능한 한 많은 책을 입수해 훑어봐왔다. 한국의 사회와 문화가 일본과 얼마나 다른지를 설명하는 글이 많았다. 각 분야 전문가들의 흥미로운 견해를 접하며 지식은 늘어갔지만, 내가 가진 의문인 '왜 다투는가'에 대한 납득할 만한 답변은 찾지 못한 채, 2018년에 40년간의 신문기자 생활을 마감했다. 다소 여유로운 시간 속에서 가장 먼저 신경 쓴 것은 건강 회복이었다. 오랫동안 불규칙한 생활을 한 탓인지 몸 여기저기가 비명을 지르고 있었다. 2019년에 세 번에 걸쳐 입원하여 두 차례 수술을 받았다. 몸이 자유롭지 못한 병상에서 '사상 최악'으로 표현되는 한일 관계를 둘러싼 뉴스들을 접했다. 그 와중에 의외의 생각이 치솟았다. 아무도 답을 제시해주지 않는다면 나 스스로가 해보겠다는 생각이 들었다. 권말에 참고문헌을 제시했지만, 책의 자료 대부분은 사반세기에 걸친 취재 과정에서 수집한 것이다. 처음엔 막막해서 어떤 단서도 잡히지 않았다.

그런 자료를 다시 읽으면서, 일본인은 한국인이 역사를 어떻게 생각하는지, 또 한국인의 특징은 어떤지에 대해 이미 상당한 지식을 갖추고 있음을 깨달았다. 한국 역사에 대한 역사관은 한 치의 의심도 없이 당연하다는 논리를 갖고 있지만, 정작 일본인 자신의 역사상은 어떤 것일까? 나는 그 태생과 내력을 되물어야 한다는 생각에 이르렀다. 그런 생각 끝에 정리한 글이 이 책이다.

만약 상황을 좀 더 좋은 방향으로 바꾸고 싶다면, 또 대립과 불화의 해결을 목표로 한다면, 우선 해야 할 일은 상대를 비난하는 것이 아니라 자기 모습을 다시 바라보는 것이 아닐까? 한국 사정에 대해서도 나름대로 알아보고 생각하는 바는 있지만, 그러한 언급은 가능한 한 최소화했다. 그건 내가 파고들어야 할 영역이 아니라, 한국 언론인의 일이라고 생각했기 때문이다. 2022년에 시작된 러시아의 우크라이나 침공도 역사를 둘러싼 갈등의 측면이 있다. 적어도 러시아는 역사를 침공의 빌미로 삼았다. 그 처참한 전장의 현실에 나는 할 말을 잃었지만 동시에 생각이 깊어졌다. 역사를 정치의 도구로 만들어서는 안 된다. 그러기 위해 무엇이 필요할까. 무엇보다 요구되는 것은 한 사람의 시민으로서 냉정하게 역사를 바라보는 시각인 것 같다.

2022년 12월
와타나베 노부유키

차례

한국과 일본,
역사 인식의

간

/

극

왜 한국과 일본은 대립하는가

한일 관계가 삐걱거리고 있다. 전쟁 중 징발된 징용공* 문제를 둘러싼 갈등이 깊어져 최악이라 할 정도로 양국 관계가 나빠졌다. 양국 모두 서로를 향해 혐한嫌韓과 반일 감정이 높아지고 있다. 증오와 적대감을 숨기지 않는 말과 행동도 서슴지 않는다. 이런 상황을 볼 때마다 기시감이 가시지 않는다. 한국과 일본은 일본군 위안부와 독도 영유권 같은 역사 문제를 둘러싸고 오랜 세월 갈등을 겪어왔으며, 아직도 납득할 만한 해결책을 찾지 못했다. 체험자가 이제 거의 사라진 과거의 일이 아직까지도 오늘날 사회와 사람들의 마음을 계속 흔들고 있다.

왜일까? 이와 같은 문제의식을 지닌 사람이 많아서인지, 일본에서는 한일 갈등을 둘러싸고 수많은 서적이 출간되고 있다. 학자와 언론인, 외교관, 평론가 등 다양한 시각과 입장을 가진 사람들이 풍부한 지식과 경험을 바탕으로 흥미로운 견해를 제시하고 있다. 그 가운데

---

* 일제강점기 강제 동원 노동자의 일본식 표현.

상당수는 한국이 일본과 얼마나 다른지를 지적하거나 설명한 내용이다. 한국에서는 정치도, 재판도 국민감정에 좌우되므로 외교 약속이 쉽게 깨진다며, 그 원인을 역사나 사상, 사회구조나 지정학적인 요인 등에서 찾는 글도 눈에 띈다.

하지만 아무리 읽어도 도무지 납득할 수 없다. 각자 입장이 달라서 역사를 다르게 보는 것은 이상한 일이 아니지만, 양국 모두 자국이 내세우는 역사상을 '옳다'고 믿으며 의심하는 기색이 없다. 그동안 한일 양국은 여러 방면에서 교류가 활발해지고 사람들의 왕래도 늘어나면서 문화 차이에 대한 이해도 갖추었지만, 역사 문제 논란은 전혀 입장 차가 좁혀지지 않아 경제와 안보의 희생을 감수하면서도 대안을 찾지 못하고 있다.

우리가 눈치채지 못한 근원적인 문제가 숨어 있는 게 아닐까? 역사를 주된 취재 대상으로 삼아온 나는 역사의 수수께끼에 접근하려는 연구와 역사의 공백을 메우는 자료를 계속 추적해왔다. 여러 의문에 대해 내 나름대로 한일 역사 인식의 골이 어디에 있는지를 찾아보고 싶었다. '옳다'고 믿어 의심치 않는 역사상이 어떻게 생겨났는지, 그 태생과 내력을 더듬으면 뭔가가 보이지 않을까? 그런 생각으로 시작한 탐색이 이 책으로 만들어졌다. 왜 서로를 이해하지 못할까? 이 소박한 의문에 대한 단서를 찾아보자.

자료를 인용할 때 오늘날에는 차별적이라고 여겨지는 어휘라도 그대로 사용했다. 고문서는 현대어로 바꾸었고, 한자는 오늘날의 글로 바꾸거나 가명으로 대체한 것도 있다. 또 필요에 따라 구두점을 보완했다. 국가명으로서 조선은 1897년에 대한제국(통칭·한국)으로 대체되었다. 1910년 병합 후 일본은 그 지역을 조선이라 불렀다. 지방 행정 구역은 조선왕조 초기부터 8도제가 시행됐으나, 청일전쟁 후인 1896년에는 경상, 전라, 충청 등 5개 도를 남북으로 분할하여 13개의 도가 되었다. 수도는 조선왕조 때는 한성과 한양으로, 병합 후에는 경성으로 불렀으나 서울로 통일했다.

제1장

징용공 소송

1 징용공을 둘러싼 대립

대립의 경위

한일 관계가 새로운 단계로 접어든 것은 2019년 6월의 일이었다. 오사카에서 개최된 주요 20개국G20 정상회의가 6월 29일에 폐막했다. 그러자 기다렸다는 듯 바로 다음 날 《산케이신문産経新聞》은 「반도체 재료의 한국 수출 규제」, 「정부의 징용공 문제에 대항」이라는 제목의 기사를 보도했다. 한국의 주요 수출품인 반도체 제조에 필수적인 불화 폴리이미드 등 3개 품목의 한국 수출을 재검토하는 일본 정부의 새로운 방침을 전한 것으로, "이른바 징용공 소송을 놓고 한국 측이 관계 개선을 위한 구체적인 대응을 하지 않는 데에 대한 사실상의 맞대응 조치"라고 일본의 의도를 설명했다.

언론의 보도대로 일본은 수출 절차를 엄격히 하고 한국을 수출 우대 '화이트 국가 리스트'에서 제외했다. 한국 정부는 이에 대해 강력히 반발하며 한일 군사정보보호협정GSOMIA의 파기를 표명했고, 시민들 사이에서는 일본 제품 불매운동이 확산됐다. 경제활동에 영향을 미쳐 안보를 뒤흔드는 사태로까지 번지면서 '한일 관계는 국교 정상화 이래 최악'이라는 목소리가 커졌다. 하지만 양국 정부는 원칙적인 발언을 반복하며 양보할 기미를 보이지 않은 채 관계는 냉각됐다.

그렇다면 징용공 소송은 왜 이런 갈등을 초래했을까? 우선 소송 경위부터 더듬어보자. 신일본제철(이후 신일본제철 주금을 거쳐 2019년에 일본제철로 회사명을 변경)을 피고로 한 소송이 시작된 것은 1997년의 일로, 장소는 오사카 지방법원이었다. 원고는 두 명의 한국인인데, 그들은 함께 1943년에 모집 광고를 보고 구 일본제철 오사카제철소로 갔다. 2년간 근무하고 기술을 습득하면 한반도 공장에 기술자로 취업할수 있다는 약속이었지만, 실상은 사전 설명과 전혀 달랐다고 그들은 하소연했다. 노예와 같은 취급을 받으며 노동을 강요당했고, 먹을 것이 거의 없었으며, 월급은 강제로 저축되어 용돈 정도밖에 받지 못했다. 감시가 엄격해 도망칠 수도 없었다고 주장하며 업체의 사과와 체불임금의 지급을 요구했다. 그러나 1심과 2심 모두 소송이 기각됐고, 2003년에 일본 최고재판소에서 패소가 확정됐다.

구 일본제철은 전후 재벌 해체 방침에 따라 1950년에 해체되고, 그 자산을 바탕으로 하치만제철八幡製鉄과 후지제철富士製鉄이 설립됐다. 이후 1970년에 하치만제철과 후지제철이 합병하여 신일본제철이 설립되었다. 구 일본제철과 신일본제철은 별도 회사여서 채무는 승계되지 않는다고 일본 법원은 판단했다. 설령 승계된다 하더라도 한일 국교 정상화에 맞춰 1965년에 체결된 한일청구권협정에 따라 그 채무를 재판에서 청구할 수 없다는 뜻도 밝혔다. 한일청구권협정은 "재산,

권리, 청구권에 관한 문제가 완전하고 최종적으로 해결되었다""협정의 서명 이전에 발생한 모든 청구권에 관해서 어떠한 주장도 할 수 없다"고 규정하고 있다. 한국은 배상을 요구했지만, 일본은 한국과는 전쟁을 하지 않았다며 이에 응하지 않았고 대신 경제협력금을 제공했다. 무상 경제협력금 3억 달러와 유상 경제협력금 2억 달러였고, 그밖에 민간 경제협력금이 3억 달러 이상이었다. 1966년도 한국의 국가 예산은 4억 5,000만 달러였다.

한국에서 재판이 시작된 것은 2005년으로 원고는 네 명이었다. 새로 합류한 원고 가운데 한 명은 1941년부터 구 일본제철의 가마이시釜石제철소에서, 다른 한 명은 1943년부터 하치만제철소에서 일했다. 일본에서의 소송 내용에서 추가하여 국제법 위반과 불법행위에 대한 손해배상도 요구했다. 1심과 2심은 일본의 판단을 따라 소송은 패소했다. 2012년에 상황이 바뀌게 되었는데, 일본의 최고재판소에 해당하는 한국의 대법원이 2심 판결을 파기하고 재판을 다시 하라고 명령한 것이다. 그런 경위를 거쳐 고등법원은 1인당 1억 원을 지급하라는 원고 승소 판결을 내렸고, 그것이 2018년 10월에 대법원 판결로 확정되었다.

그 판결에 승복할 수 없는 일본은 정치적 대응을 요구했지만, 한국 정부는 삼권분립을 내세워 응하지 않았다. 그런 교착 상태에서 맞이한 것이 2019년 6월의 일이었다.

쟁점과 한국 대법원의 판단

한국에서의 소송 쟁점은 다음의 네 가지로 요약할 수 있다. ① 신일본제철은 구 일본제철의 손해배상 채무를 승계할 수 있는가? ② 한일청구권협정에 따라 원고들의 손해배상청구권은 소멸했는가? ③ 원고들의 손해배상청구권은 시효에 의해 소멸했는가? ④ 일본에서의 재판에서 확정된 패소의 효력이 한국 재판에까지 미칠 것인가? ①과 ②에서는 일본의 판결을 뒤집고, 일본 법원이 언급하지 않은 ③과 ④에 대해서는 한국의 법원은 독자적인 판단을 내렸다.

일본의 판단과는 무엇이 다른 것일까? 큰 전환점이 된 2012년 대법원 판결은 "일본의 한반도와 한국인에 대한 식민 지배가 합법적이라는 규범 인식을 전제"하고 있다고 일본의 판결을 비판한다. 그 내용은 "대한민국 헌법의 규정에 비추어볼 때, 일제강점기 일본의 한반도 지배는 규범적 관점에서 불법적인 강점에 불과하며 일본의 불법 지배에 의한 법률 관계 중 대한민국의 헌법정신과 양립할 수 없는 것은 그 효력이 배척된다"며 "그렇다면 일본 판결의 이유는 일제강점기 강제 동원 자체를 불법으로 해석하고 있는 대한민국 헌법의 핵심적 가치와 정면으로 충돌하는 것이며, 이런 판결 이유를 포함하는 일본 판결을 그대로 승인하는 결과는 그 자체로 대한민국의 선량한 풍속이나 기타 사회질서에 위배됨이 분명하다"는 논리다.

개별 쟁점에서 한국 법원은 채무 승계를 둘러싼 쟁점 ①에서 신일

서울 용산역 앞에 설치된 징용공 조각상.
2017년 8월 17일《마이니치신문》.

본제철은 자산이나 영업, 인원 등의 측면에서 구 일본제철과 실질적인 동일성을 유지하고 있다고 인정했다. 한일청구권협정의 범위에 대한 쟁점 ②에서는 반反인도적 불법행위나 식민 지배와 직결된 불법행위에 의한 손해배상청구권이 한일청구권협정의 적용 대상에 포함된다고 해석하기 어렵다고 밝혔다. 시효를 둘러싼 쟁점 ③에서는 한일청구권협정과 관련된 한일 교섭 문서가 공개된 2005년까지 원고들은 사실상 권리를 행사할 수 없었기 때문에 시효는 성립하지 않는다고 판단했다. 외국의 판결을 승인하는 기준이 제기된 쟁점 ④에서는 일본의 판결은 그때 당시의 원고를 일본인으로 판단하여 일본 법률을 적용했으나 대한민국 헌법의 핵심적 가치와 정면으로 충돌하는 것이므로 그 효력을 인정할 수 없다는 결론을 도출했다.

일본의 반론, "국제법 위반이다"

이 판결에 대해 일본 정부는 "징용공 문제는 한일청구권협정으로 완전하고 최종적으로 해결되었음을 확인했고, 대법원 판결은 국제법 위반이며 전후 국제 질서에 대한 중대한 도전이다"라며 전면 부정하는 입장을 취한다. 한국의 판결에 대한 반론도 전개한다. 네 명의 원고가 애초에 징용공이 아니라는 주장이 대표적인 사례다.

아베 신조 총리는 2018년 11월 중의원 예산위원회에서 "정부에서는 '징용공'이라는 표현이 아니라 '구 한반도 출신 노동자'"라고 말했

다. "네 명 모두 '모집'에 응한 자"라면서, "있을 수 없는 판결이다. 국제
재판도 포함해 모든 선택지를 고려해 의연하게 대응하겠다"고 말했다.
일본 외무성 홈페이지를 보면 징용공이 아닌 '구 한반도 출신 노동자'
로 표기되어 있다.

한반도 노동자 동원은 1937년 중일전쟁이 발발하면서 탄광과 군수
공장의 노동력을 확보하기 위해 시작된 정책이었다. 1939년에 '모집'이
라는 형태로 시작되었고, 1942년부터는 '관알선官斡旋'이라는 제도를

─旧朝鮮半島出身労働者に関する事実とは？─

事実その1
1965年の「財産及び請求権に関する問題の解決並びに経済協力に関する
日本国と大韓民国との間の協定」は，請求権に関する問題が完全かつ最終的
に解決されたことを確認しています。

事実その2
同協定はまた，署名日以前に生じた全ての請求権について，
いかなる主張もすることができないことを定めています。

ところが，
2018年10月30日及び11月29日，韓国大法院は，
日本企業で70年以上前に働いていた旧朝鮮半島出身
労働者の請求を認め，複数の日本企業に対し，慰謝料
の支払を命じました。

➡ これらの判決は，1965年の日韓請求権協定に明らか
に反しています。日韓関係の法的基盤を覆すのみならず，
戦後の国際秩序への重大な挑戦でもあります。

日韓請求権協定（1965年）

サンフランシスコ平和条約
（1951年）

외무성이 홈페이지에서 제공하고 있는 징용공 소송의 설명.
'구 한반도 출신 노동자'라는 글자가 보인다.

통해 이루어졌다. 조선인에게 국민 징용령을 적용해 '징용=강제 동원'을 시작한 것은 1944년부터였다. 원고 네 명은 모두 1944년 이전에 일본에 왔으므로 자신의 의사로 일본에 온 노동자이며 징용공이 아니라는 것이 일본 정부의 견해다. 인터넷 공간에 떠도는 말들을 살펴보면, 이 주장은 상당히 널리 퍼져 있는 것 같다. '모집공' '응모공'이라는 표현이 눈에 띈다.

일본의 분위기를 잘 보여준 것은 2019년 7월 고노 다로河野太郎 외무상(외무대신)과 남관표 주일 한국 대사의 회담이었다. 한일 협정에 따라 제3국을 포함시키는 중재위원회 개최를 일본이 요구했는데도 한국이 응하지 않자, 항의하고자 남관표 대사를 외무성으로 부른 자리였다. 고노 외무상은 "국제법을 위반하는 상황을 방치하는 것은 큰 문제다. 한국 정부가 행하는 일은 제2차 세계대전 이후의 국제 질서를 뿌리째 뒤집고 있는 것이나 다름없다"고 항의했다. 남관표 대사가 한국의 입장을 설명하려 하자, 고노 외무상이 그의 말을 가로막으며 강한 어조로 "지극히 무례하다"고 말하는 장면은 TV 뉴스에서 거듭 보도되었다. 고노 외무상의 초조함이 전해졌다. 인터넷 댓글 창에는 외무상의 언급을 지지하는 목소리가 눈에 띄게 많아 일본인 대부분이 비슷한 생각을 하고 있다는 걸 보여주었다.

하지만 조금 더 조사해보면, 이 사태는 그다지 간단하지 않다는 것을 알 수 있다. 대법원 판결을 둘러싸고 일본 법학자나 변호사들이 다양한 견해와 해설을 발표했다. 재판에 관여하는 방식에 따라 평가는 다르지만, 법률 이론으로서는 '있을 수 있는 판단'이라는 인식이 눈에 띄었다. 징용공으로 끌려간 것이 아니라 자신의 의지에 따른 노동자였다는 주장도 다소 억지스러울 수밖에 없다. 국민 징용령은 이미 일본에서 일하던 노동자에게도 적용되었다. 노동자가 일본에 온 것이 모집이나 관알선에 의해서였다고 해도, 1944년부터는 신분이 징용공으로 전환되어 자신의 의사로 이직할 수 없게 되었다.

애초에 1939년부터 일본의 패전까지 한반도에서 동원된 노동자는 수십만 명에 이를 것으로 추산된다. 모집이든 관알선이든 필요한 인원을 모으기가 쉽지 않았고, 실상은 대부분 강제 연행이었다는 증언과 주장이 수두룩하다. 구체적인 예를 들면 『일본교통공사 70년사日本交通公社七十年史』는 다음과 같이 말한다.

전시 상황에서 노동력 부족을 보충하기 위해 조선에서 노무자를 내지 방면으로 수송하는 일을 뷰로에서 맡은 것은 1941년 6월부터였다. 수송, 숙박, 식사 전반에 걸친 보살핌인데, 길게는 5~6박이나 되는 장기간 연속 업무로 연선 각 안내소가 총동원되는 등 엄청나게 고생스러운 일이었다.

위의 글에서 '뷰로'는 '재팬 투어리스트 뷰로JTB'가 본래 이름인 단체를 가리킨다. '고생스러운 일'의 내용을 구체적으로 다음과 같이 설명하고 있다.

이 수송은 종전처럼 단체 인원을 철도 측에 신청하면 나머지는 그냥 손님을 안내하면 되는 게 아니었다. 전국의 철도국에서 단체 인원을 통보받고 한 달분의 수송 계획을 세운다는 전시하의 특수 사정에 따른 것이었다. 부산에서 시모노세키로 보내오는 노무자는 매일 500명 내지 1,000명 정도였다. 이들을 탄갱, 일반 광산, 철도, 토목 등의 업종별로 나누고 규슈, 시코쿠, 간토, 홋카이도, 사할린 및 남양군도까지 지역별로 나누어 수송을 실시했다.

시모노세키에 상륙하는 노무자들은 대부분 맨발이었기 때문에 대량의 짚신을 사는 것으로 시작해 농림성에서 특별 배급미 식량표를 교부받고 도시락을 제작해 배급까지 했다. 식량과 물자 사정이 극도로 악화된 당시에는 상당히 힘든 일이었다. 게다가 조선 노무자 중에는 반강제적으로 징용된 사람도 있어 수송 도중 도망자가 끊이지 않았다. 이 일은 담당자에게 괴롭고 힘든 근무였다.

일본 기업을 상대로 한국 내에서 제기되고 있는 비슷한 소송은 70건 이상이라고 보도되고 있고, 그 소송들의 판결이 가까운 장래에 잇따를 것이다. 최초 판결이 확정된 소송의 원고 네 명이 국민 징용령 적용 이전에 왔다고 지적하면서 '구 한반도 출신 노동자'라고 말을 바꾼들 문제를 본질적으로 해결할 수 있을 것 같지는 않다.

2   "일본의 조선 지배는 불법이었다"

대법원 판결의 논리

일본의 태도 이면에는 "지극히 무례하다"는 고노 외무상의 발언으로 상징되는 '일본은 옳다'고 믿어 의심치 않는 인식이 자리 잡고 있다. 한국과의 외교에서 예전엔 나약했지만 엄중한 자세를 취하여 제대로 주장하고 논의하면 질 리가 없다는 생각을 일본인 대부분이 품고 있는 듯하다.《요미우리신문読売新聞》이 2020년 6월에 실시한 여론조사에 따르면, 일본인들은 징용공 문제를 둘러싼 일본 정부의 주장에 79퍼센트가 납득할 수 있다고 응답해 일본 정부의 입장을 지지했다.

일본인들이 볼 때, 법률 검토를 꼼꼼히 살펴볼 필요도 없이 한국의 주장은 감정적인 트집처럼 들리고, 일본인의 상식과는 거리가 너무 커서 현실적이라고 볼 수 없는 것이다. 무엇보다도 징용공 문제는 이미 결론이 난 사안이라는 인식이 강해, 한국이 또다시 비열하게 골대를 옮겼다는 생각이다. 이 문제를 조사하기 전까지, 사실 나 자신도 그렇게 받아들이고 있었다. 가장 이해할 수 없던 부분은 한국 대법원 판결의 근간을 이루는 논리다.

"일본에 의한 조선의 지배는 불법이었다." 나는 이것이 바보 같은 논리라는 생각이 들었다. 한국과는 제대로 조약을 맺고 병합하지 않았는가. 식민지 지배이기에 나쁜 일이 없었다고는 말할 수 없지만, 한반도가 근대화된 것은 일본 덕분일 것이라는 생각이 들었다. 그 이상으로 그런 말을 새삼스럽게 해도 과거사가 어떻게 바뀌는 것이 아닐거라는 생각도 했다.

하지만 대법원 판결은 이 논리를 바탕으로 일제의 통치는 정당한 지배가 아니라 군사력을 배경으로 한 강제적인 점령이므로, 불법적인 지배 아래서 전쟁을 위한 노동자의 동원을 인정할 수 없고, 애초에 조선인을 일본인으로 간주하여 국가총동원법이나 국민 징용령 등 일본의 법률을 적용한 것이 불법이라고 판단한 것이다. 더욱이 한일청구권협정은 "샌프란시스코강화조약에 따라 양국 간의 재정적·민사적 채권 채무 관계를 정치적으로 합의해 해결하기 위한 것이지, 일본의 식민지 지배에 대한 배상을 요구한 것이 아니다"고 규정하고, "한일청구권협정으로 포기한 청구권에 불법 지배에 따른 손해배상은 포함되지 않았다"고 결론 내렸다.

2021년 1월 서울중앙지법에서 선고된 일본군 위안부 소송 판결도 일본의 입장에서 보면 불합리하고 도저히 납득할 수 없는 것이었다. 위안부 피해자라며 12명의 여성이 각 1억 원의 손해배상을 일본 정부에 요구하며 2016년에 시작된 소송에서, 일본은 주권국가는 다른 주권국가의 재판에 의해 재판되지 않는 것이 국제법상 '주권 면제' 원칙이라며 재판에 응하지 않았고, 판결은 원고의 요구를 그대로 인정했다. 일본에서는 주권 면제가 최대 쟁점이라고 보도됐지만, 판결은 주권 면제의 문제를 전면 부인하지는 않았다. "당시 일본제국에 의해 불법 점령 중이던 한반도 내에서 우리 국민인 원고들에 대해" 이뤄진 것이어서 주권 면제를 적용할 수 없고, 예외적으로 한국에 재판권이 있다고 판단했다. 징용공 소송에서 대법원이 제시한 논리를 그대로 따르고 있음을 알 수 있다.

판결을 몇 번 다시 읽어봐도, 어딘가 다른 세상, 다른 시대의 이야기처럼 느끼지 않을 수 없었다. 일본인의 상식으로는 어떤 식으로든 이해하기 어렵다. 그래서 이 대법원 판결이 무엇을 근거로 어떤 논리에서 나왔는지를 짚어보기로 했다.

언제부터 무효였는가?

1965년에 체결된 한일기본조약은 제2조에 다음과 같은 조문을 담고 있다. "1910년 8월 22일 이전에 대일본제국과 대한제국 간에 체결된 모든 조약과 협정은 이미 무효임을 확인한다." 1910년 한국병합조약과 그 이전의 협약을 처리하기 위한 조항이었다. 한국과의 국교 정상화를 위한 협상은, 1951년 샌프란시스코에서 대일강화조약을 통해 일본이 독립을 이룬 직후에 시작됐다. 이는 중화민국(타이완)과 함께 미국이 촉구한 것이었다. 전년에 한국전쟁이 시작되면서 미국 입장에서는 공산권에 대항하기 위한 체제 마련이 시급했다. 일본과 타이완의 일화평화조약은 1952년에 조인되었지만 한국과의 협상은 난항을 겪었고, 조약이 체결되기까지 14년의 세월이 걸렸다. 가장 큰 걸림돌은 식민 지배를 어떻게 총괄하고, 청산하느냐 하는 문제였다.

한국은 식민 지배를 '당초부터 불법이자 무효였다'고 주장했다. 그에 대해 '합법적이고 유효했다'는 게 일본의 입장이었다. 커다란 이견으로 협상은 난항을 겪었다. 중단을 거듭한 끝에 도달한 타협의 산물이 제2조였다. 한일기본조약은 영문을 정문으로 하고 있으며 'null and void(법률적으로 무효)'라는 문구 앞에 'already'를 두는 것으로 타협을 보았다. 이를 일본 측은 '(지금으로서는) 이미 무효'로, 한국 측은 '(원천적으로) 이미 무효'라는 자국 말로 바꾸어 해석했다. '언제부터 무효' 였는지를 놓고 저마다 편리하게 해석할 수 있는 애매모호한 조문이었다. 대법원 판결은 "한일 양국 정부는 일제의 한반도 지배 성격에 대해 합의에 이르지 못했다"고 언급하고 있다. 이것이 일본인이 이해하기 어려운 판결이 나온 큰 배경이다.

어명御名이 없는 조칙

한국병합조약은 무효였고 지배는 불법이었다는 주장이 이후 한국에서 다시 주목받게 된 것은 국교 정상화 후 사반세기가 지난 1990년대에 이르러서였다. 1991년에 일본과 북한 사이에 국교 정상화 협상이 시작되었다. 여기서 북한은 한국병합조약이 불법이며 애초부터 무효였다고 주장했다. 반면 일본은 한일기본조약과 같은 자세로 처리하려 했으나 정리되지 않았다.

그런 상황에서 1992년 서울대 명예교수 이태진은 제2차 한일협약에 대해 절차적인 미비점이 발견되었기에 이 협약은 국제법상 무효라는 견해를 밝혔다. 그에 따르면, 조약서 원본에 황제의 서명이 없고, 조인한 한국 대신과 일본 공사가 전권 위임장을 갖고 있지 않았다는 것이다. 병합에 이르기까지는 다음과 같은 다섯 가지 외교상의 합의가 이루어졌다.

① 한일의정서(1904년 2월)

② 제1차 한일협약(1904년 8월)

③ 제2차 한일협약(1905년 11월)

④ 제3차 한일협약(1907년 7월)

⑤ 한국병합조약(1910년 8월)

①에서 영토 사용권, ②와 ③에서 외교권, ④에서 내정권과 군사권, 그리고 ⑤에서 국권을 빼앗기고 점차 식민지화가 진행되었다고 보는 것이 한국의 시각이다. 이후 서식과 절차상의 미비점에 대한 지적이 잇따르면서 다섯 가지 모두 무효라고 한국은 주장하게 되었다.

한국병합조약에 대해서는 비준서 역할을 한 조칙詔勅에 황제의 서명이 없음을 지적했다. 한국의 정치를 장악한 일본은 한국의 공문서 서식을 일본과 똑같이 바꿨다. 황제의 재가를 받은 공문에는 어명御名과 어새御璽를 갖추어 사용했으나, 이 문제의 조칙에는 어새는 있으나 어명이 없었다. 현존하는 조칙, 칙령, 법령 문서 가운데 어새만 있는 것은 이 병합조약뿐이라고 지적했다.

한국에서 제기된 주장을 놓고 일본 학자들은 반론을 펼쳤다. 조약의 발효에 비준批准이 필요한 것은 의회가 큰 힘을 가진 유럽과 미국의 정치제도 절차로서 한국에는 해당하지 않는다, 그 이전에 체결된 한일 간의 외교 협정 중 비준서가 필요했던 것은 원래 소수였다, 일본의 한국 영유는 당시 열강의 국제적 승인을 얻었다는 등의 반론이 제기되어 한국의 견해에 대한 이슈가 일본에서는 확산되지 않았다. 유럽과 미국의 연구자가 함께하는 국제 심포지엄도 시도됐지만, 논쟁은 결론을 보지 못했다.

'늑약'을 둘러싼 인식의 차이

이런 흐름 속에서 맞이한 1995년은 한국이 해방된 지 50년, 한일기본조약 체결된 지 30년이 되는 해로, 한국 내에서는 일본과의 관계를 재검토하자는 움직임이 일어났다. 학자와 종교인, 시민단체 등의 조직들이 한국병합조약의 무효와 한일기본조약의 파기를 요구하는 운동을 전개했다. 국회의원들 사이에서는 식민 지배에 대한 사과, 한국 병합조약의 무효 확인 등을 명기한 새로운 한일 조약의 체결을 요구하는 움직임이 초당적으로 진행됐다. 이에 대해 10월 5일에 열린 참의원 본회의에서 무라야마 도미이치村山富市 총리는 "일한병합조약은 당시 국제 관계 등 역사적인 사정 속에서 합법적으로 체결되어 실시된 것으로 인식하고 있다"고 말했다.

이 발언에 한국은 강하게 반발했다. 그러자 무라야마 총리는 10월 13일 중의원 예산위원회에서 "말이 분명치 않은 점도 있었다"고 앞선 발언을 보충하고 "일한병합조약은 형식적으로는 합의해서 성립했지만, 실질적으로는 당시의 역사적인 사정이 있었고 그 배경 아래 체결됐다. 당시 상황에 대해서는 우리로서 깊이 반성해야 할 것이 있었다. 조약 체결에서 양측의 입장이 평등했다고 생각하지 않는다"고 해명했다. 도의적 책임은 인정하더라도 한국병합조약이 합법적으로 체결됐다는 생각에는 변함이 없다는 입장이었다.

한국은 이를 받아들이지 않았다. 국회는 10월 16일 '대한제국과 일본제국 간의 늑약에 대한 일본의 정확한 역사 인식을 촉구하는 결의안'을 만장일치로 채택했다. 무라야마의 발언을 '역사 왜곡'이라고 단언하고 '더 이상 반복해서는 안 된다'고 비난한 뒤 "병합조약과 그 이전에 맺어진 조약이 원천적으로 무효라는 역사적 사실을 인정하고, 그에 따른 필요한 조치를 즉각 취할 것"을 일본 정부에 요구하는 내용이었다.

'늑약勒約'이라는 말은 일본에서는 생소한 어휘다. 찾아보면 '늑勒'은 말을 제어하기 위해 입에 물게 하는 '재갈'을 말하는 것으로 무리하게 강요된 조약이라는 뜻인 것 같다. 사태를 수습하기 위해 무라야마 총리는 11월 14일에 김영삼 대통령에게 친서를 보냈다. 한국병합조약 등을 '민족의 자결과 존엄을 인정하지 않는 제국주의 조약'으로 규정하고 '깊은 반성과 진심 어린 사과'를 표했다. 이를 한국이 수용해 갈등은 수습되고 역사 인식의 격차를 좁히기 위한 학자 차원의 공동 연구가 제안되었다.

공동 연구는 2001년 고이즈미 준이치로小泉純一郎 총리와 김대중 대통령과의 정상회담에서 추진되어 합의에 이르렀다. 이듬해 월드컵 공동 개최를 앞두고 화합의 분위기가 고조되던 시기였다. 공동 연구는 2002년부터 2010년까지 이어졌고 두툼한 보고서가 간행되었다. 하지만 참가자들의 말에 따르면, 논란은 가시지 않았고 감정적인 대립도 많았던 것 같다. 뭔가 새로운 이해나 합의가 생겼다는 이야기를 접할 수는 없었고, 인식의 차이를 재차 확인하는 형태로 종료되었다는 인상이 강했다.

한국병합 100주년인 2010년에는 간 나오토管直人 총리가 담화를 발표했다. "당시 한국인들은 그 뜻에 반하여 이루어진 식민지 지배로 인해 나라와 문화를 빼앗기고 민족의 자긍심에 깊은 상처를 입었다"는 내용이었다. 직후 기자회견에서 한국병합의 합법성에 대한 생각을 한국 신문기자가 묻자, 간 나오토 총리는 "일한병합조약에 대해서는 1965년 한일기본조약에서 생각을 확인했으며 그 생각을 이어오고 있다"고 기존 정부의 입장을 되풀이하는 데 그쳤다.

그동안 〈겨울연가〉나 〈대장금〉과 같은 한국 드라마가 일본에서 인기를 끌었고, 한국에서도 일본의 대중문화가 개방되고 여행자도 늘어나면서 상호 왕래가 활발해졌다. 인터넷이 보급되면서 정보를 쉽게 입수할 수 있게 되고 누구나 발언할 수 있게 된 시기이기도 했다.

일제강점기의 일반화

한일 양측 모두 상대에 대한 지식은 늘어났지만, 이해나 우호가 깊어졌다고는 할 수 없었다. 한국에서는 2000년대에 이르러 그동안 '일제시대'나 '식민지 시대' 등으로 일컫던 일본의 지배기를 '일제강점기'라고 부르는 것이 일반화되고, 과거 '친일파'의 책임을 추궁하는 움직임이 활발해졌다. 노무현 정권인 2004년부터 이듬해에 걸쳐 '일제강점하 강제동원피해진상규명 등에 관한 특별법' '일제강점하 반민족행위진상규명에 관한 특별법' '친일반민족행위자 재산의 국가귀속에 관한 특별법' 등이 제정되어 각 법률에 대응하는 '진상규명위원회'라는 조직이 국가기관으로 설치되었다. 일본의 지배가 불법이었음을 전제로 정치가 진행되는 것이 일상의 광경이었다.

그런 한국의 움직임에 일본에서는 불쾌감을 느끼는 사람이 늘어났다. "언제까지 사과만 계속할 것이냐"며 초조해하고 반발하는 의식이 확산되면서 '혐한'의 언행이 두드러지기 시작했다. 한국인과 한국 사회가 일본과 어떻게 다른지, 그런 차이가 무엇에서 유래하는지를 설명하는 서적이 많이 출간되었다. 서로 상대를 이해하는 게 불가능하다고 말하는 내용이 눈에 띄었다.

되돌아보면 역사 인식의 차이를 자각하고 그 틈새를 메울 방법을 모색한 시기가 있었음을 알 수 있다. 왕래와 교류가 활발해지면서 상대방에 대한 지식은 늘었지만 동시에 '혐한'과 '반일'의 움직임과 감정이 커졌다. 한일기본조약의 조문과 해석이 애매모호한 부분도 있지만, 그 이견이 점차 커지면서 더 이상 덮을 수 없을 지경에 이르렀다고 할 수 있다. 일본에서 패소한 징용공 소송이 다시 한국에서 제소된 것은 그런 흐름에서였다. '일본의 지배는 불법'이라는 생각이 한국 내에서 심화되는 것에 발맞추어 재판이 진행되었다.

절차론 이전의 '무효론'

대법원 판결의 논리적 핵심이 된 "일본의 지배는 절차적으로 미비점이 있어 무효다"는 주장이 자료적인 근거를 바탕으로 등장한 것은 1990년대였다. 나는 새로운 의문점이 생겼다. 한일기본조약이 체결된 1965년 당시 그런 자료나 연구는 존재하지 않았다. 그동안 한국은 무엇을 근거로 '불법' 혹은 '무효'라고 주장했을까?

그래서 이 문제를 주도한 이태진의 논문을 다시 읽어봤다. 가장 눈에 띈 것은 한국병합조약에 대한 다음과 같은 지적이었다. "한국을 병합하기 위해 분명히 계산된 지속적인 노력의 최종 결과물." 한국을 병합하기 위해 일본은 오랜 시간을 두고 계획적으로 음모와 계략을 거듭했다는 인식인 것 같다. 절차적으로 미비점이 있다는 지적과 함께 조약이 불법이자 무효인 이유로 제시되고 있다. 그러나 어떤 역사적 사실을 지칭하는지는 기록되어 있지 않다. 한국인에게는 말할 필요도 없는 상식일 수 있다.

병합에 이르는 과정에서 어느 정도 강압적인 방식이 있었을 거라는 생각은 있지만, 구체적으로 무슨 일이 있었는지 언뜻 떠오르지 않았다. 나는 잠시 생각에 빠졌다. 가장 먼저 떠오른 것은 민비 암살이었다. 청일전쟁 직후인 1895년, 일본은 일본의 세력 확대에 맞서 러시아와의 관계에 힘을 기울인 왕비 민비를 살해했다. 새벽에 왕궁을 습격해 민비를 침실에서 붙잡아 살해하고 시신을 불태웠다. 변명할 수 없는 만행이지만 '지속적'이라면 또 있을 것이다. 병합 이전의 큰 사건이라면 청일전쟁과 러일전쟁이 있었다. 둘 다 한반도를 둘러싼 전쟁이었지만 주요 전쟁터는 중국 영내였고, 그때 한반도에서 무슨 일이 있었는지 떠오르지 않았다. 일본군 위안부나 징용공 등의 문제를 통해 병합 후 역사에 대해서는 어느 정도 지식을 갖고 있지만, 병합에 이르는 과정에 대해서는 구체적으로 아는 바가 거의 없음을 절감했다.

'분명히 계산된 지속적인 노력'은 무엇을 가리키는 것일까? 병합에 이르기까지 일본이 한반도에서 무엇을 했는지 알아보기로 했다.

3 　　　　한반도에서 무엇을 했는가?

이토 히로부미의 무용전

먼저 눈에 띈 것은, 일본이 러일전쟁에서 승리해 1905년 맺은 제2차 한일협약 조인 과정이었다. 한국이 외교를 일본에 맡기고 일본의 보호국이 되기로 한 것으로, 한일 관계의 큰 분기점이 된 협약이다. 《한성신보漢城新報》 사장이자 일본 거류민 단장이던 나카이 기타로中井喜太郎가 회고록에서 교섭 경위를 소개한다. 특명전권대사로 파견된 이토 히로부미伊藤博文와 하세가와 요시미치長谷川好道 주차군 사령관에게 연회석에서 들은 이야기라고 적고 있다.

우선 이토 대사가 한국 대신들과 담판을 벌였지만, 주권의 일부를 포기하고 일본의 보호국이 되겠다는 조약이어서 한국 정부는 쉽게 승낙하지 않았다. 밤이 되어도 결판이 나지 않자, 이토 대사는 하세가와 대장과 50명의 헌병을 데리고 왕궁에 들어갔다. 그래도 담판은 이루어지지 않았다. 하세가와 대장이 참정대신과 외교 담당 외부대신을 가리키며 헌병 대장에게 무언가를 명령했다. 그러자 "일본어를 아는 대신은 이를 듣고 전율했다. 이 상황을 간파한 말석에 있던 학부대신 이완용은 오늘 시세가 불가피하니 신조약을 승인하면 어떻겠느냐며

입을 열었다. 대신들은 마치 기다린 것처럼 곧바로 동의했다"고 한다.
이후의 절차도 순탄치 않았다. 외부대신은 끝까지 저항할 생각이었지
만, 실무를 일본이 장악하고 있고 대신의 공인公印을 일본인 직원이 집
으로 가져갔기 때문에 조인할 수 있었다는 것이다.

앞서 하세가와 대장이 '명령한 무언가'는 "말을 듣지 않으면 죽여버
려라"였다고 기록한 책도 있다. 이는 이토나 하세가와의 무용전武勇傳
의 일종으로 일본에서 유포된 이야기 같다. 하지만 한국으로서는 무력
으로 강압적인 협상 끝에 빼앗긴 공인을 마음대로 찍은 것이어서 도
저히 인정할 수 없다는 생각이 드는 게 자연스러울 것이다.

『조선의 비극』

이와 관련하여 자료를 더 찾아보니 『조선의 비극』이라는 책을 발견
했다. 이 책의 배경은 제2차 한일협약이 체결되고 2년 후인 1907년이
었다. 저자가 묘사한 것은 일본군과 싸운 의병의 모습이다. 저자 프레
더릭 아서 매켄지Frederick Arthur McKenzie는 캐나다 출신의 영국 신
문기자로서 20세기 초에 여러 차례 한반도를 여행했다. 권두에 매켄
지는 다음과 같이 적었다.

1907년의 의병 투쟁에 대해 사람들은 주로 나의 개인적인 관찰
에 의지할 수밖에 없을 것이다. 왜냐하면 실제로 의병이 활동하던

시점에, 투쟁이 진행되던 지역을 여행한 유일한 백인은 나 말고는 없기 때문이다.

그는 당시의 정세를 이렇게 설명한다.

한국 황제는 폐위되고 군대는 해산되었다. 서울의 민중은 음울하고 분개하며 기력을 잃고 있었다. 그들 조상의 무감각과 자신들의 게으름과 우둔함에서 비롯된 피해이기는 했지만, 자기 나라가 어둠에 휩싸이는 것을 보면서 항의하는 일도 별로 하지 않았다. 승승장구한 일본군 병사들은 서울의 각 성문과 왕궁 안에 서 있다. 왕자들은 단발에서부터 복장에 이르기까지 하나하나 그들이 하는 말을 따라야 했다. 하세가와 장군의 총포는 모든 시가지를 제압하고 있었고, 흰옷을 입은 사람들은 모두 소리를 내지 않으려고 살금살금 걸었다.

청일전쟁의 시모노세키조약으로 청나라와의 종속 관계가 파기되어 독립국이 된 조선은 1897년에 국호를 대한제국으로 바꾸었고, 국왕 고종은 황제라 칭하게 되었다. 황제 고종의 퇴위는 헤이그밀사사건이 원인이었다. 러일전쟁이 끝나자 제2차 한일협약으로 한국은 외교권을 잃고 일본의 보호국이 되었다. 서울에는 통감부가 설치되고 이토 히로부미가 통감으로 부임했다. 그런 일본의 지배에 저항하여 1907년 네덜란드 헤이그에서 열린 만국평화회의에 고종은 밀사를 보내 일본의 무도함을 호소하려 했다. 그 일이 이토 통감의 격렬한 분노를 사서, 황제 자리에서 쫓겨난 것이다. 황제를 갈아치운 뒤, 일본은 1907년에 제3차 한일협약을 맺어 내정 전반을 장악하고 한국군을 해산시켰다. 소수의 의장병을 제외하고 8,000명 이상의 군인이 일자리를 잃었다. 이 군인들이 유입되면서 일본의 지배에 무력으로 저항하는 의병 투쟁이 본격화되었다.

하세가와 장군은 강제적인 협약의 담판 장면에도 등장하는 조선주차군 사령관 하세가와 요시미치 대장을 일컫는다. 러일전쟁을 계기로 일본은 당시의 주차대를 증강해 주차군으로 승격시켰다. 주차군은 러일전쟁 종결 시점에 2만 8,000명의 병력을 보유했다. 일본이 해산시킨 한국군의 규모와 비교하면 그 막강함이 돋보인다.

의병을 찾아 나선 여행

『조선의 비극』을 읽어보자. 매켄지는 "일본인에 대한 민중의 봉기가 일어나고 있다. '의병'이라는 것이 만들어져 눈부신 활동을 수행하고 있다" "일본군은 그 지역 전체를 파괴하고 대규모 살인을 자행하면서 보복하고 있다"는 글을 읽고 나는 '어디까지 진실일까' 하는 생각을 품었다. "서울에서 의병은 어디서 어떻게 하면 찾을 수 있는지 알려줄 사람은 한 명도 없는" 상황에서 그는 전투 현장을 향해 나아갔다. 침구를 포함해 사용할 물건은 모두 지참해야 했다. 매켄지는 두 마리의 말과 한 마리의 당나귀, 네 명의 하인을 데리고 여행을 떠났다.

서울을 떠나 둘러본 마을들은 "그림처럼 평화로웠다" "그 아름다움과 번영은 정말 백문이 불여일견"이라 기록했다. 하지만 곧바로 "매일매일 불에 탄 촌락, 황폐한 마을, 버려진 시골을 계속 지나가면서 여행"하게 되었다고 한다. 하세가와 주차군 사령관은 한국 국민에게 다음과 같은 고시를 발표했다.

> 한국 황제의 성지를 받들어 비도匪徒를 섬멸하고 많은 사람을 도탄에서 구하려는 목적임을 밝힌다. 귀순하는 비도에게는 구태여 죄를 묻지 않겠다. 이들을 붙잡거나 그 소재를 밀고한 자에게는 반드시 후한 상을 주고자 한다. 만약 완고하고 고루함을 깨닫지 못해 비도의 편을 들어 그들을 은닉하거나 흉기를 감추는 자에게는 가차 없이 엄벌을 가할 뿐 아니라 그 책임을 범인이 나타난 촌읍村邑에도 물어 부락 모두에게 엄중한 조치를 내릴 것이다.

섬멸이란 근절시켜 없애버리겠다는 뜻이다. 의병은 물론 이를 돕거나 숨기는 자가 있으면 마을마다 가차 없이 엄벌하겠다는 경고였다. 매켄지는 '엄중한 조치'란 어떤 것인지 다음과 같이 목격했다.

촌락이 불에 타면서 상당수의 부녀자나 어린이가 살해된 것은 의심의 여지가 없다. 대개의 경우 일본군은 한 마을을 급습했다. 그 근처에 의병이라도 있으면 불태우기 전에 다방면에 걸쳐 마음대로 총을 난사했다.

그것은 철저한 초토작전이었다. 매켄지는 "난 여기서 죽을 것이니 제발 집에 불을 지르지 말라"고 울며 부탁한 노인이나, 풀 깎는 낫을 갈던 젊은이가 '반란군'이라며 총살되었다는 증언을 숱하게 기록했다. 여행에 나서기 직전 서울에서 만난 고위급의 일본인이 한 말을 매켄지는 되새기고 있다.

이 패거리에게는 일본의 강한 맛을 보여줄 필요가 있다. 산악 지방의 한국인들은 일본군을 거의 본 적이 없다. 우리는 일본이 얼마나 강한지 그들에게 일깨워주어야 한다.

파괴된 마을

그런 와중에도 충북 제천의 참상은 매켄지를 놀라게 했다. 그는 "다른 여러 곳도 파괴되었지만, 제천의 엄청난 파괴와는 비교가 되지 않았다. 이곳 제천은 말 그대로 완전히 잿더미가 되었다"고 전했다. 인구가 3,000명 정도인 제천은 높은 산으로 둘러싸인 분지로, 아름다운 그림처럼 자리를 잡고 있었다. 고위층이나 귀족들이 즐겨 찾는 행락지로 영국으로 치면 휴양지인 배스Bath나 첼트넘Cheltenham 같은 곳이라고 설명하면서, 기와집이나 규모가 큰 집이 많아서 부유해 보였다고 기록했다. 파괴되는 과정을 다음과 같이 설명한다.

> 어느 날 밤, 일본군 부대는 세 군데에서 공격받아 여러 명이 전사하고 철수할 수밖에 없었다. 일본군은 증원부대를 파견해 전투 끝에 실지를 탈환했다. 그리고 일본군은 이 제천을 지방민에 대한 본보기로 삼기로 결의했다.

그리고 일본군은 마을에 불을 질렀다.

> 제천 마을 전체는 횃불로 변해 불바다가 되었다. 일본군은 파괴를 목표로 마을 안의 온갖 물자를 수북이 쌓아 불을 질렀다. 그 결과, 이 마을에는 불상과 관아 한 채 외에는 아무것도 남지 않았다.

폐허가 된 마을의 모습도 기록했다.

> 나는 이렇게 완전히 파괴된 것을 이전에 본 적이 없었다. 한 달 전만 해도 번화한 마을이었는데, 지금은 검은 재와 타오르는 동산

이 남아 있을 뿐이었다. 온전한 벽 하나, 기둥 하나, 된장독 하나 남아 있지 않았다. 잿더미 속을 휘젓고 쓸 만한 물건을 찾고 있는 남자가 보였다. 그러나 순전히 헛수고였다. 제천은 지도상에서 지워졌다.

어디까지 사실일까? 약간의 과장도 있지 않을까 하는 생각도 들었다. 그래서 『조선폭도토벌지朝鮮暴徒討伐誌』를 찾아보았다. 조선주차군 사령부가 1913년에 정리한 조선 의병 진압 기록이다. 여기에 위의 사실과 부합하는 기술이 있었다.

초기에는 토박이들이 폭도에 동정하고 그들을 비호하려는 경향이 있었다. 이에 토벌대는 위의 고시에 따라 책임을 범인이 나타난 촌읍에도 물어 살육을 가했다. 때로는 온 마을을 불태우는 조치를 시행하여 충북 제천 지방과 같은 곳은 대부분 초토화되기에 이르렀다.

이어 매켄지는 다음과 같이 말했다.

원래 폭도와 그들을 비호하는 토박이들의 죄라 할지라도, 무고한 양민에 대해서는 큰 동정심이 생기고 있다. 그리고 가재가 불타거나 부모 형제를 잃은 사람들은 오히려 원한의 감정을 드러내기도 한다. 그렇지 않은 사람들도 재빨리 폭도에 투항해 활로를 찾으려는 사례도 나오기 시작했다. 폭도의 강압으로 합류한 자들을 합쳐 그 무리는 점점 늘고 있었다. 이에 따라, 주차군 사령관은 수시로 훈령을 내려 토벌대가 엄격히 양민과 도적을 감별하여 옥석혼효玉石混淆에 염려가 없도록 하고, 불태워버리는 식의 조치를 피하기에 이르렀다.

일본군은 그들의 조치가 사람들의 원한을 사고 역효과가 크다는 것을 깨달았다. 이에 따라, 사령관의 지시로 초토작전을 그만두게 되었다는 사실을 읽을 수 있다. 일본군도 진압이 지나쳤다고 생각했을 것이다.

매켄지는 집을 잃은 것 이상으로 조상 대대의 기록이 불타버린 것을 개탄한 민중의 한탄도 기록한다. "이름도 없는, 치욕에 찬, 무숙자가 되고 말았다." 생활과 문화가 뿌리째 파괴되었다. 그는 의병도 직접 만났다. 18세에서 26세 정도의 청년 여섯 명이 다섯 종류의 총을 가지고 있었는데, 모두 변변한 것이 없고 화승총도 포함되어 있었다. 매켄지는 의병 장교의 말을 전한다. "우리는 죽을 수밖에 없잖아요. 그래도 괜찮아요. 일본의 노예로 사는 것보다는 자유로운 인간으로 죽는 게 훨씬 낫죠."

희생의 커다란 격차

일본군의 의병 토벌은 1911년까지 계속되었다. 그간의 전투 횟수는 총 2,852회이며, 일본군은 1만 7,779명의 폭도를 살육했고, 일본군 전사자는 136명이었다고 『조선폭도토벌지』는 집계했다. 싸움이 가장 치열했던 1908년에는 1,451회의 전투에서 일본군은 의병 1만 1,562명을 살육했다. 다시 말해, 1908년 한 해 동안 한반도 어딘가에서 매일 평균 4회의 전투가 벌어졌고, 30명 정도의 의병이 살해된 셈이다.

이 통계에 잡히지 않는 민간인의 희생도 많았다. 『조선폭도토벌지』는 "일선日鮮 양민의 손해가 매우 크다. 한반도 소재 일본인이 폭도에게 학살당한 수는 토벌대 전사자의 몇 배에 달한다. 조선인의 손해는 그 정확한 수를 알 수 없으나 일본인의 피해에 비해 몇 배에 달할 것이다"고 기술한다. 이런 사실을 아는 일본인은 얼마나 될까? 부끄럽지만 나는 몰랐다. 서울의 국립묘지에서 20여 년 전 일본군과 싸우는 의병의 모습이 그려진 큰 그림을 본 기억이 있지만, 그것이 어떤 역사를 담은 것인지 크게 관심을 두지 않았다.

일본군이 기록한 1만 7,779명이라는 의병 전사자는 일본 역사로 치면 어떤 싸움에 해당할까? 자료들을 조사해보니, 1만 3,572명이라는 비슷한 규모의 숫자가 눈에 띄었다. 1868년부터 1869년까지 벌어진 일본 내전인 보신전쟁戊辰戰爭의 전사자 수다. 내란을 둘러싸고 신정부 측 사망자 3,588명이 야스쿠니 신사에 합사되었으나, 적군으로 지목

된 구 막부 측 전사자에 대해서는 정리된 기록이 없다. 이는 아토미학원여자대학 명예교수 나구라 데쓰조奈倉哲三가 각지의 기록을 모아 전체상을 규명한 연구 결과다. 그에 따르면 아이즈나 센다이, 쇼기타이 등 구 막부 측이 8,625명, 사쓰마와 조슈 등 신정부 측을 4,947명으로 집계했다. 형사범과 암살도 포함한 숫자라고 한다.

　이 둘은 국토의 광범위한 지역에서 벌어진 싸움이라는 점에서 공통점이 있다. 보신전쟁의 기억이 일본 사회에서 어떻게 계승되어 오늘날에 전해지고 있는지를 상기하면, 한국 의병의 존재가 한국인에게 어떤 의미인지 짐작할 수 있을 것이다. 그리고 보신전쟁은 양 진영 사망자의 합계지만, 의병은 한쪽의 사망자 숫자다. 게다가 일본군과 의병의 희생자 수 격차에 놀랄 수밖에 없다. 이 역사는 한국과 일본의 사회에서 각각 어떻게 전해졌을까? 한일 간의 인식 격차는 희생자 수 격차 이상으로 크지 않을까? 그런 생각을 하지 않을 수 없다.

제2장

동학농민전쟁

1   숨겨진 역사

의병의 역사는 놀라움 그 자체였다. 큰 희생을 초래한 원인이 일본인데도, 일본인의 시야에서 벗어난 역사가 한반도에 존재했다. 내가 그동안 몰랐던 역사가 또 있지 않을까? 그러던 차에 교토대학 인문과학연구소의 《인문학보》 제111호를 접했다. 2018년 봄에 간행된 '청일전쟁과 동학농민전쟁' 특집호다. 권두에 실린 홋카이도대학 명예교수 이노우에 가쓰오井上勝生의 논문이 눈길을 끌었다. 「동학농민전쟁, 항일봉기와 섬멸 작전의 사실을 탐구하면서」와 「동학당 토벌대 병사들의 종군일지」라는 두 편의 논문이다.

동학농민전쟁은 조선에서 1894년에 시작된 대규모 농민 봉기다. '청일전쟁의 원인'으로 설명되는 경우가 많고, 학교에서 '동학당의 난' 또는 '갑오농민전쟁'이란 말로 배운 기억을 가진 사람도 있을 것이다.

방치된 두개골

이노우에는 에도막부 말기와 메이지유신 시기를 전공한 일본사 연구자다. 그런데 1995년에 홋카이도대학에서 여섯 구의 두개골이 발견된다. 폐신문지에 싸여 골판지 상자에 넣어진 상태로 교실 구석에 방치돼 있었다. 누구의 뼈일까? 왜 여기에 있을까? 어디로 돌려보낼까? 이런 문제를 조사하기 위한 위원회가 설치되었고, 이노우에는 그 위원회의 위원 중 한 사람이었다.

두개골 하나에 '한국 동학당 수괴의 수급首級'이라는 먹으로 쓴 글이 남아 있었다. 더욱이 상자 안에는 문서가 들어 있었는데, '촉루髑髏'라는 제목에 이어 '1906년 9월 20일 진도에서'라는 날짜와 장소가 적혀 있었다. 그 기록은 다음과 같다.

> 1894년에 조선 동학당이 봉기했다. 전라남도 진도는 그들이 가장 극성을 부리던 곳이었다. 그들을 평정하고 돌아올 때, 그 주모자를 비롯해 수백 명을 죽여 사체가 도로 옆에 널브러져 있었다. 수괴자는 효수에 처했는데 이는 그중 하나다. 진도를 시찰했을 때 채취한 것이다.

1894년에 살해된 동학 농민 지도자의 유골이라 전해지던 것을 1906년에 한반도 서남단 진도에서 가져온 것이다. 1904년에 시작된 러일전쟁이 다음 해에 끝나자 한반도에서 우월적 지위를 얻은 일본은 1906년에 통감부를 설치했다. 실질적인 일본 통치의 시작이고 많은 일본인이 한국으로 넘어갔다. 두개골을 수집한 인물의 이름도 기록되어 있다. 그는 홋카이도대학의 전신인 삿포로 농업학교의 졸업생인데,

1906년에 농업기술 지도자로서 한반도 서남부에서 근무한 것으로 드러났다. 두개골을 일본으로 가지고 온 기본적인 배경과 과정이 점차 확인되기 시작했다. 그런데 이 두개골이 누구의 것이냐는 단서가 전혀 잡히지 않았다. 일본 육군이 정리한 청일전쟁의 전사戰史에 동학농민군과의 전투는 아주 간략하게만 기록되어 있다.

"여기에는 숨겨진 역사가 있다." 그런 생각에서 이노우에는 동학농민전쟁의 연구에 나섰다. 그로부터 20여 년이 흘러 이노우에의 오랜 연구 성과가 두 편의 논문으로 정리되어 학술지에 발표되었다.

청일전쟁의 경위

이노우에의 연구를 상세히 살펴보기 전에 먼저 청일전쟁과 동학농민전쟁은 어떤 사건이었는지 되돌아보자. 청일전쟁에 대해 잘 아는 사람도 그리 많지 않을 것인데, 하물며 동학농민전쟁의 상세한 내용을 아는 사람이 많이 있겠는가.

'근대 일본이 벌인 최초의 본격적인 대외 전쟁'이라는 것이 청일전쟁의 기본 정의일 것이다. 조선의 지배권을 둘러싼 싸움에서 일본은 청나라에 압도적인 승리를 거두고 타이완 등의 영토를 획득했다. 한편으로 근대화를 이루려던 일본이 국제법을 지키고 모범적으로 싸웠다는 이미지도 존재한다. '영광스러운 메이지(明治)'의 빛나는 한 페이지이자, 쇼와(昭和)의 전쟁과는 다른 '올바른 전쟁'이었다고 생각하는 사람도 있을 것이다. 하지만 청일전쟁의 모습은 최근 새로 발견된 자료와 연구의 진전에 따라 재평가되고 있다. 그런 성과를 바탕으로 개괄적으로 살펴보자.

한반도 남부에서는 흉년이 계속되고 있었다. 그런데 정부가 파견한 부패한 관리들에 의한 가혹한 수탈이 계속되자 참다못한 농민들이 1894년 봄에 들고일어났다. 농민 결집의 중심이 된 것은 민족 종교 동학이었다. 이것이 동학 농민 봉기다. 서양에서 전해진 기독교로 대표되는 서학에 반하여, 동학은 유교와 불교 등 전통 가치관에 입각한 가르침으로 '척왜양斥倭洋'이라는 양이攘夷 사상을 내세워 평등과 상호부조를 설파했다.

봉기한 농민들은 폐단이 많은 정치에 대한 개혁을 요구했다. 정부군을 물리치고 5월 말에 전라도의 거점인 전주를 점거했다. 사태를 걷잡을 수 없게 된 조선 정부는 6월 3일에 종주국인 청나라에 원병을 요청했다. 그러자 일본은 다음 날인 4일에 대본영大本營*의 설치를 결정하고, 공사관과 거류민을 보호한다는 명목으로 즉각 한반도에 군사를 보냈다. 청나라가 파견한 병력은 2,500명. 반면 일본은 8,000명의 파병을 계획했다. 동학 농민들의 움직임은 빨랐다. 청일 양국이 출병한

---

* 일본 천황의 직속으로 최고의 통수권을 행사하던 지휘부. 1944년 7월에 최고 전쟁 지도 회의로 이름을 바꾸었다.

다는 사실을 알게 되자, 10일에는 정부와 화약和約을 맺고 전주에서 철수했다. 조선 정부는 청일 양군에 철군을 요구했다. 따라서 일본은 출병의 명분을 잃고 말았다. 이때 철군했다면 전쟁으로 이어질 일은 없었다. 조선 주재 오토리 게이스케大鳥圭介 공사는 서울은 평온하고 내란 확대의 위험이 적다고 판단해, 도착한 부대 제1진을 인천항에서 머물도록 지시했다. 또 이후의 부대 파견을 보류하도록 도쿄에 전보를 타전했다. 하지만 도쿄에 있던 정권 핵심부의 생각은 달랐다. 무쓰 무네미쓰陸奧宗光 외무상은 13일에 인천에서 머물던 부대를 서울로 진군시킬 것을 지시하며 오토리 공사에게 전보를 보냈다.

아무 일도 하지 않거나 아무 데도 가지 않고 결국 그곳에서 헛되이 귀국하게 되면 심히 볼품없을 뿐만 아니라 정책에서 득이 될 수 없다. ……조선국에 대한 장래 정책에 대해 일본 정부는 어쩔 수 없이 강경한 조치를 취할 수밖에 없을 것이다. 본 대신은 이에 대해 이토 백작과 상의 중이다.

이토 백작이란 당시의 총리인 이토 히로부미를 말한다. 그 결과, 15일에 내각회의에서 이후 대처 방침이 결정되었다. 농민 반란이 일어난 것은 조선의 내정이 나쁘기 때문이라며 "조선의 내정 개혁을 청나라와 협의하고 그동안은 철군하지 않겠다. ……청나라가 동의하지 않는다면 일본 단독으로 개혁을 추진하겠다"는 것이 골자였다.

청나라는 일본과의 협상을 거부했다. 일본은 원래 계획대로 나머지 병력을 조선에 보냈다. 무쓰 외무상은 후속 부대가 조선에 도착하자마자 오토리 공사에게 훈령을 보내, "지금의 형세로는 상황상 개전을 피할 수 없다. 따라서 우리에게 부담이 되지 않는 한 어떤 수단을 써서라도 개전의 빌미를 만들어야 한다"고 명령했다. 무쓰 외무상의 지시에 따라 오토리 공사는 구실 마련에 나섰다. 우선 조선 정부에 내정 개혁을 제안했다. 개혁의 내용은 중앙과 지방의 제도, 재정에서 법률에 이르기까지 광범위했다. 조선의 답변은 "개혁은 일본군 철수 이후에 하겠다"는 것이었다. 일본은 부산과 서울 간의 전신선 공사에 착수하겠다는 것을 통보하고, 일본군 숙소 설치도 요구했다. 게다가 청나라 군대를 철수시킬 것과 청나라가 종주국임을 나타내는 조약이나 규칙의 철폐도 요구했다. 조선으로서는 받아들이기 어려운 무리한 요구였다. 조선의 회답은 7월 22일에 도착했다. "개혁은 조선 정부가 자율적으로 실시하겠다" "반란은 진정됐으니 철군해달라"는 내용이었다.

일본은 자신의 요구가 거부된 것으로 받아들였다. 다음 날 23일에 일본군은 행동을 개시해 서울에서 왕궁을 포위하고 수비대와의 교전 끝에 점거했다. 국왕 고종을 사로잡아 정권의 중추를 담당하던 세력을 제거했다. 이후 정쟁에서 패해 하야했던, 고종의 아버지인 대원군을 이끌고 친일 정권을 수립했다. 그 친일 정권이 청나라군을 몰아내

달라는 요청을 했다는 명목으로 시작된 것이 청일전쟁이었다.

일본은 7월 25일의 풍도 해전, 29일의 성환 전투에서 승리를 하고 나서, 8월 1일에 청나라에 선전포고를 했다. 9월에는 청나라군이 거점으로 삼고 있던 평양을 함락시키고 황해 해전에서 승리했다. 10월에는 압록강을 건너 일본군은 청나라 영토로 진입했다.

동학 농민의 재봉기

'청일전쟁의 원인'으로 동학 농민들이 자주 거론되지만, 한반도에서 청일 양군의 싸움이 끝난 1894년 가을 시점에서도 그들의 모습은 전면에 나타나지 않는다. 동학군이 움직이기 시작한 것은 그 이후였다. 일본의 난폭한 행태에 조선 민중은 분노했다. 왕궁 점거 소식이 전해지자 동학 농민들은 전투 준비를 시작했다. 그리고 가을 수확이 끝나기를 기다렸다. 동학군이 다시 들고일어난 것이다.

최근 한국의 연구에서, 동학군의 활동 범위가 거의 한반도 절반에 해당하는 광범위한 지역에서 전개되었음이 밝혀졌다. 유교와 불교 등을 통합해 탄생한 동학은 평등과 상호부조를 설파했다. "곤궁한 자는 구제한다" "탐학한 자는 쫓아낸다" 등 농민군이 내건 12개 조항의 군율은 동학의 가르침과 민중의 염원을 나타낸다. 여기에는 '역자효유逆者曉諭'라는 조항도 있다. 거역하는 자를 타이른다는 것이다. 놀라울 정도의 이상주의다.

그런 동학군의 움직임을 일본은 군사력으로 진압했다. 동학 농민의 희생자는 비전투원을 포함하면 3~5만 명에 이를 것으로 추산하는 연구도 발표됐다. 하지만 일본군이 구체적으로 무엇을 했는지는 불분명했다. 싸움의 상세한 내용을 말해주는 자료가 없기 때문이다. 일본 측에는 단편적인 기록밖에 남아 있지 않다. 동학군 측의 기록이나 문서는 일본군이 세밀하게 탐색 및 수집하여 서울의 공사관에 보낸 것으로 알려졌으나, 어디에서도 찾아볼 수 없다.

이노우에가 연구하려 한 '숨겨진 역사'란 그해 가을부터 이듬해까지 한반도에서 동학군과 싸운 일본군의 모습이었다. 자료를 계속 추적한 이노우에는 2011년에 한 병사가 쓴 종군일지를 발견했다. 이 자료는 도쿠시마현에 남아 있던 것으로, 그것을 읽고 내용을 확인하기 위해 여러 차례 한국을 방문했다. 현지 연구자들과 함께 일지에 기록되어 있던 부대의 활동 흔적을 직접 검증했다. 일지에 기록된 지명과 거리, 위치 관계 등을 조사하고 한국의 연구 상황과 대조하면서 내용이 정확하다고 확인했다. 유족의 양해를 구하여 일지의 전문과 그 의미에 대한 해설을 정리해 발표했다. 그것이 2018년에 간행된 교토대학 《인문학보》에 실린 두 편의 논문이었다.

2   일본군 수뇌부의 철저한 의도

한 병사의 종군일지

이 종군일지는 역사의 공백을 메우는 자료다. 「일청교전종군일지日淸交戰從軍日誌」라는 기록을 남긴 사람은 상등병이었다. 상등병은 부대를 이끄는 사관도, 병사들의 리더인 하사관도 아닌 그저 병졸이다.

이 일지는 1894년 7월 23일, "소집영장, 마을 사무소에서 송달"이란 글로 시작한다. 이날은 일본군이 서울에서 왕궁을 점거한 날이다. 다음 날 아침 그는 곧바로 집에서 출발했다. 도보와 선박을 통해 27일에 마쓰야마松山의 연병장에 도착했다. 그는 육군 후비 제19대대에 편입되어 시모노세키에서 포대 근무를 맡았다. 그 사이 10월 15일에는 조슈長州 출신의 이노우에 가오루井上馨가 조선 주재 공사가 되었다. 그는 내무대신이라는 정권의 요직에서 조선으로 파견되었는데, 이토 히로부미 총리와는 같은 조슈 출신으로 막부 말기의 혼란기 이후부터 깊은 관계에 있었다.

10월 28일에 후비 제19대대는 "동학당이 재기함에 따라 토벌대로 도한渡韓하라"는 명령을 받는다. 그 3일 전인 25일에 충청도에서 동학군이 일본군 병참기지를 공격했다. 일본군 주력부대가 압록강을 건넌 날이었다. 전투를 계속하기 위해서는 전선에 물자와 군량, 명령과 정보를 보내는 병참의 역할이 중요하고 필수적이다. 일본군은 부산에서 서울까지 군용 전신선을 설치하고, 그 선을 따라 수송 경로를 마련하고 수비대를 배치했다. 전쟁이 확대되면서 병참 루트는 기나긴 한반도를 종단하는 일이었다. 이를 관리하고 유지하는 작업은 그동안 일본군이 경험해본 적이 없는 것이기도 했다. 동학군은 일본군의 사활이 걸린, 중요하면서도 약점이던 병참 루트를 공격했다. 군용 전신선을 절단하고 수비대의 거점을 게릴라적으로 공격했다. 이에 일본군은 어떻게 대응했는지 종군일지를 살펴보자.

동학군 토벌을 목적으로 한 후비 제19대대는 3개 중대로 구성되었다. 11월 12일, 서울 출발. "각 부대 모두 충청·전라에 있는 동도東徒를 진멸하고 경상도 낙동 병참부에서 명령을 기다려라"는 명령을 받았다. 3개 중대는 동로, 중로, 서로 3개 루트로 나뉘어 남하했다. 일지를 남긴 병사는 동로로 진군한 1중대 소속이었다. 그들은 마을을 수색하면서 나아갔다.

14일, 경기도의 작은 마을에서 동학 간부의 아들인 김기룡을 마을 사람들의 밀고로 붙잡았는데, "저항하여 옥에서 꺼내 총살했다"고 한다. 일지에 기록된 최초의 살해였다. 인근 마을에 동학 농민이 모여 있다는 정보가 있어 급히 출동했다. "삼엄하게 탐색하고 그 읍민을 잡아 국문" "10여 호의 민가를 둘러싸고 집마다 탐색했다" "도주하는 자가 있으면 총살했다". 국문이란 죄인의 범죄를 조사한다는 뜻이다.

17일, 충청도에 들어감. 가흥 인근 마을에서 "소규모의 적을 만나 곧바로 격퇴하고 마을 집들을 불태움. 적 사망자 대략 18명". 더욱이 동학의 지역 간부인 이경원을 발견해 "곧바로 총살함". 기록에 남은 최초의 전투다.

21일, 성내동이라는 마을을 통과. "민가 모두 소실." 먼저 통과한 후비 제10연대가 불태운 것으로 "우리 부대가 도착하자 마을 사람들은 겁에 질려 도주함".

22일, 동학의 지역 간부를 "총살"했지만 이름은 모름.

28일, 새로운 임무를 받았다. 군용금 3,000엔을 제3중대에 전달하는 호위 임무로 편도 7일간의 이동 임무 출발.

12월 3일, 제3중대가 진군한 흔적을 따라가는 이동 임무가 시작되었다. "문의에서 옥천에 이르기까지 6리를 가는 동안 마을 민가에 사람이 없다. 또 수백 호의 집을 불태웠다. 많은 사체가 길가에 널브러져 있어 개나 새의 먹잇감이 되고 있다."

11일, 제1중대에 복귀해 활동 재개.

13일, "집주인을 붙잡아 포박해 총살했다".

14일, 경상도에 진입했다. "밤 기온이 매우 차다. 세면을 할 때 머리카락이 얼어붙었다."

15일, "북풍이 강하다. 한기가 온몸을 뚫는 듯하다. 점심이 얼어붙었다."

16일, '성은 박, 이름은 용래'라는 경상도 상주 목사의 서기관이 동학군의 일원임을 탐지하고 "서둘러 포박하여 심하게 고문함". 동학군에 가담하지 않으면 집을 불태우고 가족을 죽이겠다고 협박했다고 자백하여 관직을 박탈하고 추방했다.

18일, "이곳 관리인 김광한, 이준서 외 수십 명이 동학 조원이어서 모조리 총살했다".

19일, "적 사망자 10명".

23일, "촌락을 탐색해 동학 잔당 8명 붙잡아 총살했다".

25일, 동학군의 큰 거점인 전라도로 들어갔다. "경계를 한층 엄중히 했다".

26일, 전투가 벌어졌으나 "적이 빨리 도망쳐 한 사람도 보이지 않았다. 인가에 불을 질렀다. 돌아오니 숙소가 동학군에 의해 불에 타고 있었다".

30일, "사원 및 기타 가옥을 불태웠다".

31일, "동도의 가옥 수십 채를 불태웠다". 새해가 밝아 1895년이 되자 전투는 치열해졌다.

1월 2일, "동도 5명을 붙잡아 고문하고 총살했다. 사체는 불태웠다".

4일, "동도 70~80명을 붙잡아 고문했다. 각각 자백에 따라서 죄가 가벼운 자는 민병民兵에게 넘겨졌고, 중범자 20명 정도는 총살했다".

5일, 후비 제19대대는 전라도 남부의 중심인 나주부에 진입했다. 이곳에 본부를 두고 한 달에 걸쳐 최종 토벌 작전을 펼쳤다.

서울에서 3개 루트로 나뉘어 남하한 부대는 동학 농민들을 한반도 남서부 일각으로 몰아넣었다. 그 가장 안쪽에 위치한 곳이 진도다. 정면 승부에서는 이길 수 없었던 동학군은 지역 농민들 속으로 모습을 감추었다. 이에 따라 동학군을 자력으로 찾기 어려워진 일본군은 동학군과 적대 관계에 있는 현지 주민을 활용하여 그들을 색출해냈고, 그렇게 찾아낸 동학군은 바로 처형했다. 여기에 등장하는 민병대는 그런 지역 주민들이다.

「동학당정토경력서」

연구자 이노우에 가쓰오가 찾아낸 또 하나의 귀중한 기록부터 소개하자. 후비 제19대대의 대대장이던 미나미 고시로南小四郎 소좌가 정리한 「동학당정토경력서東学党征討経歴書」다. 야마구치현에 있는 미나미 소좌의 묘소를 여러 차례 방문하는 동안 이노우에는 유족에게 전해진 유품을 볼 수 있었다. 거기에 포함된 자료 가운데 하나가 미나미 소좌가 작성하여 조선 정부에 제출한 보고서 사본이었다. 명령이나 부대의 움직임이 간결하지만 분명하게 기록되어 있었다.

1월 6일, "2소대를 장흥 방면으로 출동시켜 적도 섬멸에 투입했다. 해안에 있는 적도 섬멸에 착수".

9일, "장흥과 해남의 잔적殘賊 섬멸을 위해 지대支隊*를 파견. 거괴들을 포박".

11일, "이시구로 지대에 적도 섬멸 명령을 하달".

13일, "해남에 이르러 각지에서 도착한 여러 지대와 공동으로 적도 섬멸 명령을 하달".

15일, "히라키 지대에 잔적 섬멸 명령을 하달. 마쓰키 지대에 잔적 섬멸 명령을 하달".

19일, "쓰쿠바 함장 해군 대좌 구로사키 다테와키에게 연해안과 진도, 제주도 등지의 적도 섬멸 방법을 통보. 마쓰키 지대에 적도 섬멸 명령을 하달".

22일, "마쓰키 지대에 진도 부근의 잔적 섬멸 명령을 하달".

토벌 작전은 최종 국면을 맞아 섬멸 명령을 연속적으로 하달했다. 섬멸이란 모조리 무찔러 멸망시킨다는 뜻으로 몰살하라는 명령이었다. 이와 관련해 앞의 「일청교전종군일지」를 살펴보면 다음과 같다.

1월 5일, 민병이 "동도에 편승한 자 수백 명을 모조리 붙잡아 우리 부대에 보내왔다". 문초 끝에 "죄가 가벼운 자는 추방하고, 무거운 자는 죽였다". 그 인원은 기록되어 있지 않다.

7일, "약 300명 정도"의 적과 전투. "시선 밑으로 적을 내려다보

---

* 본 부대에서 갈라져 나와 있는 소규모 부대.

며 맹렬히 사격. 적이 당황하여 도주. 적 사살 10여 명." 잠시 후 "약 2,000여 명의 적"과 전투. "일제 사격 개시. 탄환이 명중하고 적은 도주. 함성이 대지를 진동. 이에 우리 부대는 착검하고 고성을 지르며 적진에 돌입. 적 사상자 수십 명. 아군 이상 없음."

8일, "적을 기습 공격함. 적 사상자 수십 명".

9일, "수만의 적군이 내습한다"는 정보를 접했다. 지금까지 만난 적이 없는 대규모의 동학군이었다. "백의白衣의 적군은 마치 쌓인 눈과 같았고, 함성이 대지를 진동시켰다"고 한다. 조선 민중은 흰옷을 상용했다. "타살자 48명" 등 여러 차례의 치열한 전투가 벌어졌다. "부상자 생포 10명, 그리고 일몰과 함께 양 부대 모두 진영으로 귀환. 귀환 후 생포자는 고문 끝에 불태워 죽임."

11일, "장흥부를 출발해 동쪽 해안을 따라 행진. 적을 엄중히 수색하고 통행하는 남자는 모조리 붙잡아 심문". 심문 중에 한 남자가 저항했다. 조선 병사가 화를 내며 그 남자를 붙잡아 불붙은 지푸라기 속에 집어 던졌다. "옷에 불이 붙자 어쩔 줄 몰라 하면서 세 걸음도 정도 뛰어가는 것을 총을 발사해 죽였다. 이를 보는 사람 중에 웃지 않는 자가 없었다." 저녁에는 이전에 붙잡았던 16명을 끌어내 고문했다. "8명은 풀어주고, 나머지 8명은 총살하고 불태웠다."

12일, "적 패잔병 11명을 잡아 죽였다". 저녁에 도착한 마을의 주민은 모두 도망쳐 한 명도 없었다.

13일, "잠복해 있던 적 수십 명을 죽였다". "도로가 피로 물들었다. 사체 수십 구를 길가 양쪽이나 도랑에 버렸다".

14일, "포획한 17명을 모두 죽였다".

17일, "이 읍의 조선인 시체 수십 구가 논밭에 널브러져 있다. 폐사되어 개와 새의 먹잇감이 되었다".

18일, "동도가 하나둘씩 돌아오는 것을 모두 붙잡아 죽였다. 300명에 이른다".

22일, "포획한 적병 16명, 성 밖에서 총살했다".

31일 "동도 패잔병 7명을 붙잡아 성 밖의 밭에 일렬로 세웠다. 총에 착검하고 호령에 따라 일제히 찔러 죽였다. 구경하던 조선인과 통영병統營兵 등은 매우 경악했다".

2월 4일에는 대대본부가 있는 나주로 한 달 만에 귀환했다. 그 나주의 성안에서 목격한 광경은 너무나 처참해서 가혹한 나날을 보내온 병사들의 눈으로 보아도 매우 놀라웠던 모양이다.

남문에서 약 450미터 정도의 거리에 작은 산이 있다. 사람 뼈가 쌓여 실로 산을 이루었다. 책문 끝에 중죄인을 모두 죽였는데, 날마다 12명 이상이고 많을 때는 103명에 이르렀다. 이로써 이곳에 버려진 시체가 680명에 달했다. 악취가 심하고 땅은 백은白銀처럼 인유人油가 굳어 결빙된 상태다.

중죄인을 처형한 것인데, 그 수는 적은 날에 12명 이상, 많은 날에는 100명이 넘었다. 중죄인이란 과연 무슨 죄를 저지른 사람들이었을까? 민병을 통해 붙잡은 동학 농민을 얼마나 처형했는지를 미나미 대대장이 이노우에 가오루 공사에게 보고한 기록이 발견되었다. 거기에는 이렇게 적혀 있다.

해남 부근 250명
강진 부근 320명
장흥 부근 300명
나주 부근 230명

그밖에도 11곳의 지명을 제시하고, 각각의 땅에서 30~50명을 처형했다고 한다. 다시 상등병의 종군일지로 돌아가자.

2월 6일, "동도가 완전히 진정되자 장교, 병사 등이 모여 이별회를 가졌다. 술안주와 조선 기생 등이 많았다". 인천 병참감부兵站監部에서 귀환 명령이 내려왔다. "잔당의 적을 수색하여 동학이 재기하지 못하도록" 하면서 서둘러 서울로 돌아오라는 내용이었다. 토벌 작전은 큰 산을 넘었다.

24일, 경기도 이천 근처에 도착. 서울이 가깝다.

28일, 서울 외곽의 용산 기지로 돌아왔다. 밤이 되자 토벌대를 위로 한다며 조선의 육군대신이 국왕의 칙사勅使로 찾아와 칙어勅語를 읽었다. "조선 국왕 만세, 대일본 천황 폐하 만만세를 삼창." 동시에 "오늘은 폭설이 내리고, 특히 눈 속에 몇 시간 동안 서 있었기 때문에 심신에 매우 한기를 느꼈다. 밤잠을 잘 수 없었다"고 기록하고 있다.

이로써 작전은 종료되었다. 그 기간은 109일에 이르렀다. 그러나 병사들의 전쟁은 계속 이어졌다. 그가 도쿠시마의 자택으로 돌아온 것은 이 해 말, 12월 22일이었다.

"모조리 살육해야 한다"

병사들의 종군일지에는 체험하거나 목격한 동학농민전쟁의 실태가 분명하게 기록되어 있다. 동학군을 붙잡아 죽이고 명령에 따르지 않는 마을은 불태웠다. 동학군 희생자는 3~5만 명으로 추산되는 반면, 660명 정도 규모인 토벌대의 전사자는 단 한 명뿐이었다. 동학군의 주요 무기는 화승총과 죽창이어서 전투 장비의 격차는 너무 컸다. 도저히 전쟁이라고 부를 수 있는 게 아니었다.

학살이 거듭된 데는 이유가 있었다. 이에 대해서는 『남부병참감부진중일지南部兵站監部陣中日誌』가 전한다. 인천에 거점을 둔 일본군 사령부의 기록이다. 10월 27일의 일지에는 "가와카미 병참총감으로부터 전보가 도착했다"는 기록이 있다. 동학군이 일본군의 병참 루트 공격을 시작한 직후에 해당한다. 병참총감은 대본영 직책으로 가와카미 소로쿠川上操六 참모차장이 맡고 있었다. 그 전보는 이렇게 전한다. "동학당에 대한 조치는 엄렬嚴烈할 필요가 있다. 앞으로 모조리 살육해야 한다." 몰살하라는 명령이었다. 참모총장은 황족이어서 참모차장인 가와카미가 부대 운용과 작전의 실질적인 최고책임자였다. 그러자 다음 날인 28일에 경상도 병참기지에서 문의가 왔다. 동학 농민 두 명을 붙잡았는데, 지도자 같지도 않지만 참살해야 하는지 판단을 구하는 것이었다. 이에 대해 "동학당 참살은 귀관의 의견대로 실행하라"고 전한 것으로 일지에는 기록되어 있다. 병사들의 일지는 서울을 출발하기 직전인 11월 9일에 부대로 전달된 명령을 기록하고 있다.

동학당의 근거를 수색하고 이를 섬절剿絕해야 한다……. 그 화근을 섬멸함으로써 재흥再興과 후환을 남기지 않을 필요가 있다.

몰살하라는 명령은 여기에도 전해진다. 훗날 미나미 대대장이 토벌 작전을 회고한 강연 기록도 발견되었다. 그는 다음과 같이 말했다.

비도를 많이 죽일 방침을 취했다. 돌이켜보면, 이는 소관의 고안考案만이 아니다. 후일 재기의 우려를 없애기 위해 다소 살벌한 방책을 취해야 한다는 것이 공사와 지휘관의 명령이었다. 패잔병은 모두 잔학하고 사나운 무뢰한이 될 뿐이니 많이 죽일 계책이 필요하다고 판단하기에 이르렀다.

조선인을 지속적으로 학살한 이유는, 부대 지휘관의 일탈이라든가 병사의 개인적인 폭주 때문이 아니었다. 일본군 수장의 뜻이 병사들에게까지 철저히 전해진 결과였다. 동학농민전쟁은 근대 일본이 조선 민중과 직접 대면한 첫 번째 경험이었다. 자신을 따르지 않는 민중에 대한 대처로 일본이 선택한 조치는 "모조리 살육한다"였다. '숨겨진 역사'의 정체가 이렇게 밝혀졌다.

2019년부터 한국에서 전개된 일본 제품 불매운동에서 저항의 상징으로 자주 언급된 것이 '죽창'이었다. "죽창을 들고 일어나자"는 식으로 사용되었다. 이것이 의미하는 바는 막강한 적에 맞선 동학 농민들의 정신이었다. 이를 깨달은 일본인은 과연 얼마나 될까? 한국 사람들에게는 상식이지만, 일본인들은 전혀 몰랐던 큰 희생의 역사가 이곳에 존재한다는 것을 확인했다. 얼마나 억울한 일이었을까.

제3부

제3장

관동대지진

1   강해지는 주장, "학살은 없었다"

드라마 〈이다텐〉

한일 관계의 큰 고비가 된 2019년 6월, 주요 20개국 정상회의를 앞두고 NHK가 2주간 방영한 대하드라마는 인상 깊게 내 기억에 남았다. 드라마 제목은 '이다텐いだてん'이었다. 이듬해 2020년에 예정된 도쿄 올림픽을 앞두고, 1940년과 1964년 두 차례의 도쿄 올림픽(1940년은 무산됨)에 참여한 사람들의 이야기를 담은 드라마였다. 그해 6월 16일에 방영된 제23회의 내용은 1923년에 발생한 관동대지진이 배경이었다.

"아사쿠사의 거리는 단 이틀 만에 사라졌다"라고 말하는 비트 다케시의 이야기를 축으로, 격렬한 흔들림과 도쿄를 불태운 거대한 화염 속의 사람들 모습이 그려졌다. 나카무라 간쿠로中村勘九郎가 연기한 주인공 가나구리 시소우는 불이 없는 캄캄한 밤, 거리를 헤매다가 횃불을 든 건장한 남자들에게 둘러싸인다.

"너 일본인이야? 어디서 왔어?"

누군가의 갑작스러운 질문에 가나구리는 놀라 얼버무린다.

"중얼중얼……."

생소한 구마모토 사투리에 남자들은 발끈한다.

"뭐야 그 말투는! 너 일본 사람 아니지?"

상황은 단숨에 긴박해진다. 그때 우연히 가나구리를 아는 현지 의사가 지나다가 그가 수상한 사람이 아니라고 설명하고는 상황을 정리해 어려움을 피한다는 내용이다. 횃불을 든 남자들은 자경단이었다. 큰 여진이 온다거나 우물에 독이 뿌려졌다거나 하는 유언비어가 난무하자 그들이 이성을 잃고 있다는 설명이 의사의 말로 표현된다. 인터넷 게시판에는 "저건 자경단에 의한 조선인 학살이다" "과연 NHK다. 피하지 않고 잘 다루었다"는 호의적인 댓글이 눈에 띄었다.

관동대지진을 다루면서 조선인 학살 문제를 피해갈 수 없다는 제작자의 고민이 느껴졌다. 하지만 몇 번을 다시 봐도 조선인이라는 말은 끝내 들리지 않았다. 박해 장면은 그저 난폭하거나 혼란스러웠다는 느낌만 들 정도였다. 해당 장면에서 자경단 남자들은 대나무 같은 막대기를 들고 있었지만, 막대기 끝이 뾰족하지는 않았다. 현장에서 황급히 주운 나무막대기를 가나구리에게 들이대는 남자도 있었다. 학살을 자행한 자경단이 가진 무기가 과연 그런 것이었을까? 그런 의문을 품는 시청자도 있었을 것이다.

요코하마의 사회과 부독본

드라마를 보면서 과거 요코하마에서 일어난 중학교 사회과 부독본

副読本[*]을 둘러싼 문제가 떠올랐다. 2012년에 시의회에서였다. 시교육위원회가 만든 부독본에서 관동대지진 관련 기술이 문제가 되었다. 거기에는 이렇게 적혀 있다.

유언비어를 믿었던 군대와 경찰, 재향군인회와 청년회를 모체로 조직된 자경단 등은 조선인에 대한 박해와 학살을 자행하고 중국인까지 살해했다. 요코하마에서도 비정상적인 긴장 상태에서 조선인과 중국인이 학살당하는 사건이 일어났다.

이 내용에 대해 한 시의원이 물었다. "학살이라는 표현은, 예를 들면 나치의 대량 학살이라든가 폴 포트의 대량 학살을 언급할 때 쓰는 표현이에요. 관동대지진 당시의 상황에 쓰일 표현은 아니라고 생각하거든요." 교육감은 이렇게 대답했다. "학살이라는 말은 매우 강하게 느껴집니다. 일정한 주관이 들어간 말이라고 생각합니다." 게다가 교육감은 책 내용을 개정하려는 생각을 표명했다. 이미 학생들에게 배포한 부독본은 모두 수거해 폐기되었다. 또 개정할 때 상사의 결재를 받지 않았다는 이유로 담당 직원을 징계했다. 이듬해 부독본은 이렇게 바뀌었다.

[*] 주된 독본에 딸려서 보조적으로 쓰는 학습용 독본.

비정상적인 긴장 상태에서 각지에서 재향군인회와 청년회를 모체로 조직된 자경단 가운데 조선인과 중국인을 살해하는 행위로 치닫는 자가 있었다. 요코하마 시내에서도 다수의 희생자를 냈다.

군대와 경찰의 관여가 사라지면서 '학살'은 '살해'로 바뀌었다. 학살을 부정하는 움직임은 요코하마뿐이 아니다. 2017년에는 도쿄도의회에서도 이 문제가 다뤄졌다. 한 의원이 도립공원 내에 있는 '관동대지진 조선인 희생자 추모비'에 희생자 수가 6,000명이라고 새겨진 것을 '일방적인 정치적 주장'이라고 비판했다. 조선인 선동가가 지진을 틈타 흉악 범죄를 저질렀고, 이에 대해 과민해진 자경단이 무관한 조선인까지 살해한 것이라며, 추모비는 일본인에 대한 혐오 발언이므로 철거를 포함한 개선책을 강구해야 한다고 요구했다. 추모비 앞에서는 매년 9월 1일에 추도식이 거행되는데, 그곳에는 대대로 도지사가 추도사를 전해왔다. 하지만 이 질문을 계기로 그 관행은 중단되었다. 도의회에서 이 문제에 대한 입장을 추궁받은 고이케 유리코小池百合子 도지사는 이렇게 대답했다.

이 건은 다양한 내용이 사실史實로 적혀 있는 것으로 알고 있습니다. 따라서 무엇이 사실事實인지에 대해서는 역사가들이 풀어나갈 문제라고 말씀드립니다.

관동대지진에서의 조선인 학살이란 역사가들만 말할 수 있는 불확실한 사건일까? '다양한 내용의 사실'이란 무엇을 가리키는 것일까?

중앙방재회의 보고서

2008년, 내각부 중앙방재회의 '재해 교훈의 계승에 관한 전문조사회'는 관동대지진에 대한 보고서를 정리한다. 보고서 제4장 '혼란으로 인한 피해의 확대'에는 이렇게 기록되어 있다.

> 조선인이 무장봉기하거나 방화한다는 등의 유언비어를 배경으로 주민으로 구성된 자경단이나 군대, 경찰 일부에 의한 살상 사건이 발생했다……. 무기를 가진 다수가 비무장인 소수를 폭행한 끝에 살해하는, 학살이라는 표현이 타당한 예가 많았다.

이 자료는 역사와 방재 분야의 전문가들을 소집해 마련한 정부 보고서였다. 공권력의 관여와 학살을 인정하고, 무기를 소지했다는 것도 명기하고 있다. 학살 희생자의 수에 대해서는 "지진으로 인한 사망자의 몇 퍼센트에 달한다"는 견해도 제시하고 있다. 지진 피해 사망자의 총수는 약 10만 명으로 알려져 있다. 하지만 학살당한 사람의 정확한 숫자는 지금으로선 아무도 모른다. 6,000명이라는 수는 지진 직후 조선인 유학생들이 '위문단'이라 칭하고 각지를 돌아다니며 몰래 상황을 조사해 산출한 것으로, 그 외에 신뢰할 만한 구체적인 수치가 나오지 않아서 이전부터 널리 사용되었다. 연구가 점차 진전되면서 "수천 명에 이르는 것은 의심치 않지만, 숫자를 정확히 특정하는 것은 불가능하다"는 지적이 있어, 최근 연구자들은 이 수치를 사용하지 않는 경향이 있다. 그렇다고 전혀 근거가 없는 숫자는 아니다. 이 문제를 계속 추적한 논픽션 작가 가토 나오키加藤直樹는 "학살이 없었다는 등의 학설은 어디에도 존재하지 않는다. 학살은 없었다고 주장하는 책이 출판되고 있지만, 학살을 없던 일로 만들고 싶은 사람들의 속임수다"라고 비판한다.

그러나 "학살이 없었다"는 목소리는 점차 강해져 의회와 같은 공적인 공간으로까지 세력을 넓히고 있다. 요코하마의 부독본이나 도쿄의 추모사도 그런 목소리 중 하나였다. 〈이다텐〉의 제작자가 그런 최근의 동향이나 사회 풍조를 몰랐다고는 생각할 수 없다. 그는 "관동대지진으로 조선인은 큰일을 당했다. 무시하지 말고 거론해야 한다"고 궁리했을 것이다. 하지만 동시에 "드라마의 주요 줄거리는 아니기 때문에 불필요한 반발이나 비판은 일으키고 싶지 않다"고도 생각했을 것이다.

"동일본 대지진에서도 외국인들에게 칭찬받았듯이 일본인은 어떤 혼란 속에서도 정연하게 행동하고 나쁜 일은 하지 않는다"는 순진한 생각이 오늘날 일본에서 힘을 얻고 있다. 그런 사정이 겹쳐 만들어진 것이 드라마의 그 장면이었을 것이다. 오늘날 일본 사회가 허용하는

'학살상'이라고 할 수 있다. 그렇다 치더라도 어딘가 좀 애매하다. 예비 지식이 없으면 그 장면이 조선인 학살을 그린 장면인지 모르는 사람도 있을 것이다. 죽인 일본인도, 살해된 조선인도, 가지고 있던 무기와 흉기도 중요한 세부 사항은 배후의 어둠 속에 묻혀 있다.

2   어린이들이 본 요코하마 지진

소학교 네 곳에서 발견된 작문

관동대지진 피해 지역에서 벌어진 조선인 학살은 구체적으로 어떤 사태였을까? 잃어버린 기억을 되찾기 위한 아주 귀중한 단서가 남아 있다. 요코하마에서 발견된 소학생들의 작문이다. 한편으로, 도쿄에서도 지진 재해의 체험을 담은 아이들의 작문이 출판되었지만, 복자伏字로 처리되는 등 어른의 눈을 통해 수정된 것이다. 그런데 요코하마에서는 손으로 쓴 작문이 네 곳의 소학교에서 발견됐다.

이 작문들은 세 가지 계통으로 오늘날에 전해졌다. 하나는 요코하마시 중앙도서관이 소장한 것으로 고토부키 소학교와 이소고 소학교의 자료다. 원래는 전쟁 전에 있던 요코하마시 진재기념관橫浜市震災記念館의 수장품인 것 같다. 지진 재해가 일어난 지 반세기가 지난 1973년에 이들의 존재가 밝혀졌고, 그 일부가 『조선인 학살 관련 아동 증언 사료朝鮮人虐殺関連児童証言史料』(1989)에 소개되었다. 두 번째는 이시카와 소학교의 것으로, 고등과 2학년 여학생 33명의 작문이다. 담임선생이 개인적으로 보관하다가 전해진 것으로 판단된다. 나머지 하나는 미나미요시다 제2소학교의 『진재기념 철방첩震災記念綴方帖』 10책이다.

2004년과 2005년에 이를 승계한 소학교에서 발견되었고, 556명의 손글씨 작문이 수록되어 있다. 이 두 학교분은 요코하마 개항자료관이 보관하고 있다.

거의 소개된 적이 없는 미나미요시다 제2소학교의 작문을 읽어보고 싶어서 개항자료관에 열람을 신청했다. 그런데 열람이 거절되었다. 이유를 묻자 "우리 기념관의 것이라면 보여줄 수 있지만, 기탁寄託된 것입니다. 그래서 기탁자의 양해가 없으면 공개할 수 없다"는 입장이었다. 누구의 양해를 구해야 하는지 물어보았다. 그러자 "기탁한 학교 교장의 양해가 필요한데, 현재 교장이 아니라 기탁한 당시 교장의 양해가 필요하다"는 답변이었다. 역사 자료를 수집해 후세에 전달하는 것을 사명으로 하는 공공시설의 대응이라고는 믿어지지 않았지만, 보여주고 싶지 않거나 드러내고 싶지 않다는 강한 의지가 느껴졌다.

다른 고토부키·이시카와·이소고 세 학교의 작문 역시 오늘날에는 열람할 수 없다. 이런 제약 아래서도 이 작문을 둘러싸고 꾸준한 연구가 이루어졌다. 고토 아마네後藤周 선생이 대표적인 인물이다. 요코하마 중학교 사회과 선생님이던 고토는 40년이 넘게 관동대지진 때 요코하마에서 무슨 일이 있었는지를 조사해왔다. 그는 열람이 허용되던 시기에 고토부키 소학교 등의 작문을 필사했다. 복사가 허용되지 않아 쉬는 날이면 연필 여러 자루를 챙겨 도서관에 다녔다고 한다. 또한 그는 미나미요시다 제2소학교의 작문이 발견되는 데에도 관여했다.

고토 아마네 선생이 수작업으로 계속 발행하고 있는 「관동대진재 연구 노트」. A4 12페이지 전후의 구성으로, 2020년 말 현재 144호에 이르고 있다. 소학생의 작문을 비롯하여 많은 자료와 증언을 기록하고 있다.

오랜 활동을 통해 고토 선생이 조사한 작문은 약 700점에 이른다. 그런 성과를 「관동대진재 연구 노트関東大震災研究ノート」라는 제목의 개인 책자로 정리해 연구자와 동료 교사에게 배포해왔다. 발행된 호수는 지금까지 140호가 넘는다.

관동대지진이라면 도쿄라는 이미지가 강하지만 진원지에 더 가까운 요코하마의 피해는 더욱 심각했다. 당시 44만여 명의 인구 중 92퍼센트가 재해를 입었고, 피해 가구는 95퍼센트에 달했다. 괴멸이라고 해도 좋을 것이다. 도쿄는 각각 58퍼센트와 63퍼센트이며, 비교하면 피해의 크기를 알 수 있다. 현청이나 시청은 기능을 잃었고, 교통과 통신도 끊겼다. 일곱 곳의 경찰서 중 여섯 곳이 무너지거나 소실되었다. 주둔하는 군부대도 없었기 때문에 치안을 유지하는 공적인 기능을 곧바로 상실했다. 치안의 공백 지대가 된 요코하마는 가장 빨리 유언비어가 흘러 학살이 시작된 곳으로 알려져 있다.

고등과 2학년이 기록한 '조선인 소동'

요코하마에서 구체적으로 무슨 일이 있었을까? 고토의 「관동대진재 연구 노트」부터 살펴보자. 작문 자료가 남겨진 네 개 학교 중 이소고 소학교를 제외한 세 개의 학교는 요코하마 시가지의 중심부에 있었다. 9월 1일, 정오쯤에 발생한 지진과 그 후의 화재로 어린이 상당수가 집을 잃고 주위 구릉지대로 피난해야 했다.

고학년이라서 나름대로 길게 쓴 작문이 많다. 먼저 작문 하나를 읽어보자. 고토부키 소학교 고등과 2학년의 작품으로 오늘날의 중학교 2학년에 해당한다.

9월 1일 오전 11시 58분, 평생 잊지 못할 대지진이 일어났다. 나는 손님에게 감자를 팔고 있었는데, "앗! 지진"이라 소리치며 손님과 함께 밖으로 뛰어나갔다. 바깥의 소동은 대단했다. 기와는 떨어지고, 앞집은 무너졌다. 눈과 입은 모래투성이였다.

　바깥쪽 거리에 다다미를 꺼내어 앉아 있었는데, 떡갈나무가게 주인이 식목회사가 피하기 좋다고 해서 그쪽으로 정신없이 도망쳤다. 회사에 가서 주변을 살펴보니 사방팔방이 연기투성이였다. 그러다가 헤이라쿠 학교에도 불이 붙었다고 해서 혹시라도 불이 번져 오면 어쩌나 하고 헤이라쿠 쪽만 신경 쓰면서 바라보고 있었다. 변두리에서 줄줄이 산 쪽으로 도망치는 사람들이 가득했다.

이 학생의 집은 채소 가게를 했던 것 같다. 넓은 항구가 위치하고 현청과 시청 등이 들어선 요코하마의 중심부이자 JR 네기시선 간나이역 주변의 이 일대는 에도시대 때 새로운 경작지 개발로 이뤄진 지역이었다. 주위의 구릉을 무너뜨린 흙으로 움푹 파인 땅을 메웠기 때문에 평탄한 시가지를 둘러싸고 가파른 절벽이 우뚝 서 있는 것이 요코하마 거리의 특징이다. 요코하마 차이나타운을 방문한 경험이 있다면 상상하기 쉬울 것이다. 차이나타운 거리는 평탄하지만, 그 앞의 가파른 언덕을 오르면 항구가 보이는 오카 공원이 펼쳐지는 구조. 참고로 마린 타워와 히카와마루로 알려진 야마시타 공원은 관동대지진의 잔해를 매립하여 조성됐다. 심한 흔들림 뒤에 화재가 발생해 주변으로 번졌다. 시가지 바로 옆에 가파른 절벽이 있었고, 그 위에 넓은 언덕이 있는 것이 도쿄와는 다른 환경이었다. 많은 사람이 불에 쫓겨, 작문에서 '산'이라 기록하고 있는 그 언덕 위로 도망쳤다. 작문에 등장하는 식목회사도 언덕 위에 있었다. 유럽에서 인기가 많은 백합의 뿌리를 수출하던 요코하마를 대표하는 기업 중 하나로 넓은 부지에 창고 등의 시설을 갖추고 있었다.

밤이 되자 이번에는 조선인 소동이 있었다. 남자들은 손에 죽창을 들고 있다. 나와 동생은 구석에 이불을 덮고 숨죽이고 있었다. 그 사이에 초롱불을 꺼달라고 했다. 10시쯤 되자 저쪽에서 "죽여"라며 조선인을 뒤쫓아가는 소리가 들렸다. 나는 삶의 희망이 없었다. 밤이 되어서도 지진은 조금씩 계속되었다. 그때마다 큰 나무를 붙잡았다.

9월 1일 밤에 이미 조선인에 대한 박해가 시작되었고, 그것이 '조선인 소동'이라고 불렸음을 전하고 있다.

아침이 되어 바깥쪽 거리에 나가 보니 조선인이 끈에 묶여 파출소 앞에 있었다. 그 와중에 한 무리의 사회주의자들이 붉은 깃발을 들고 큰길로 몰려들었다. 먼저 쌀가게 문을 통나무 막대기로 부수고 들어가 현미와 밀가루 등을 메고 나왔다. 앞집 창고는 돌에 맞아 옆으로 기울어져 있었다. 그런 것은 아랑곳없이 사람들은 옷감이나 플란넬 등을 들고 나왔다. 정오 무렵이 되자 자동차에 양담배를 싣거나 쇠고기 등을 채우기도 했다.

요코하마에서는 조선인 박해와 동시에 약탈이 횡행했다. 식량을 얻기 위해 불에 탄 쌀가게 등을 우선 노렸지만, 피해는 그뿐만이 아니었음을 이 작문은 생생하게 기록하고 있다.

그날 밤에도 아버지는 대나무 막대기를 들고 집 앞에서 지키고 있었다. 나 역시 구석에 조용히 있었다. 그때도 역시 맞은편에서 조선인을 뒤쫓는 소리가 들렸다. 밤이 되면 무섭고 무서워서 꼼짝도 할 수 없었다.

3일, 비가 내리기 시작했다. 물건들이 흠뻑 젖어버렸다. 밤이 되자 마르지 않은 옷을 입은 채로 잠들고 말았다. 초롱불을 켜놓으면 사람들이 불을 꺼달라는 말을 하러 왔다. 나는 또다시 밤이 찾아왔다고 생각하니 싫어서 죽을 것만 같았다.

다음 날 10시쯤 밖에 나가 보니 집 뒤에서 인부가 권총을 들고 위협하고 있었다. 그리고 집 바깥의 물건을 집어 들고 갔다. 잠시 후 군인 등이 인부를 뒤쫓았다. 곧 그는 군인에게 매를 맞고 권총을 빼앗겼다. 그리고 우리 집 소동은 어느 정도 가라앉았다.

지진 재해가 일어난 뒤 며칠간의 현장 분위기가 전해져온다.

지진 당일

이제 조선인의 박해에 초점을 맞추어 시간 순으로 여러 작문을 읽어보자. 먼저 지진 당일인 9월 1일의 모습이다. 미나미요시다 제2소학교 6학년생은 다음과 같이 말한다.

> 순경이 와서 조선인이 칼을 들고 올 것이니 찾아오면 죽이라고 말하고 갔습니다. 나는 그 말을 듣고 깜짝 놀랐어요. 나는 형과 함께 칼을 들고 대나무 숲에 가서 곧고 튼튼한 대나무를 잘라 죽창 세 개를 만들었습니다. 맞은편에서 헉헉거리는 소리가 들려 그 쪽을 보니 조선인이 오기를 기다리는 사람이었습니다. 그러다 날이 밝아서 형, 아버지, 나 이렇게 셋이서 밑으로 내려가 보니 사람이 죽어 있었어요.

1일 밤의 정황은 많은 작문에 남아 있다. 누구라도 잊을 수 없는 밤이었을 것이다. 미나미요시다 제2소학교 6학년생의 작문에는 다음과 같이 기록되었다.

> "으악" 하고 외치는 소리. "조선인이다" "선인이 공격해왔다"는

숨 가쁜 소리가 들려왔다. 너무 놀라서 도끼를 높이 들었다. 아직 꿈만 같아 다시 물었지만 역시 진짜였다. 갑자기 주위가 시끄러워졌다. 체격이 건장한 남자들은 저마다 대나무를 잘라 막대기를 만들거나 머리띠를 두르는 등 대비에 급했다. 이제 부모나 형제의 신변을 생각할 때가 아니었다. 살아만 있으면 누구와도 만날 수 있지만, 만약 죽으면…… 산 위에 있는 수백 수천의 사람들은 그저 조선인이 오지 않기를 신에게 바라는 것 이외에 다른 방법이 없었다. 만일을 대비하여 여자아이들도 짧은 막대기를 들었다. 그리고 조선인이 오지 않길 바라며 나랑 엄마는 서로 껴안고 다른 사람들과 함께 구석에 숨죽이고 있었다.

땅땅 총소리가 났다. 남자들은 암호를 정하거나 (조선인이) 오면 한 방에 물리치겠다고 의기투합하고 있다. 만약에 싸움에 지거나 그런 상황이 오면 어떻게 할 것인가? 불안감은 한층 높아졌다. 낮에는 꿈같은 무서운 지진을 만났고 또 화재도 만났다. 구사일생으로 이 산으로 도망쳤는데 밤에는 또 조선인 소동이다. 우리는 얼마나 불운한 것일까.

반짝반짝 별이 빛나고 있다. 불길이 많이 가라앉은 것 같다. 와하고 기뻐하는 소리가 났다. 물어보니 조금 전에 여러 사람이 나서

서 조선인을 겨우 말리고 왔다고 한다. 그때의 기쁨은 그 무엇과도 바꿀 수 없었다. 그때까지 모두 무서워서 말 한마디 하지 못하고 주위는 깊은 산처럼 조용했지만, 이제 조금은 활기가 돌아왔다. 아직 다리가 떨려서 변소에 갈 수도 없다. 기세 좋은 새소리가 희미하게 들렸다. 동쪽 하늘은 희미해졌다. 아아 불안한 하룻밤이 밝았다. 자, 기운을 내서 부모님을 찾으러 가야겠다.

여기에 기록된 유언비어는 조선인이 개인적으로 범죄나 나쁜 짓을 저질렀다는 의미가 아니다. 조선인이 '집단으로 습격해온다'는 것을 전제로 '만약 싸움에서 지게 되면 어떻게 하나'라고 진지하게 생각하고 있다. 총성이 울려 전장을 연상케 하는 긴박함도 담겨 있다. 다음은 이시카와 소학교 고등과 2학년생의 작문이다.

건너편 산에서 남자가 막대기를 들고 "조선인이 오면 때려죽여라"고 소리쳤다. 그다음에는 피투성이의 칼을 들고 다니는 사람이 있었다. 아버지는 조선인이 무엇을 했느냐고 옆 사람에게 묻자 여자와 아이들을 죽이거나 곳곳에 불을 질렀다고 했다. 그래서 아버지는 여기 있으면 위험하다고 말하고 밑으로 내려가 아주머니 집에서 여동생과 나를 잠자게 했다. 아버지는 아저씨와 둘이서 집 앞에서 막대기를 들고 기다렸다. "왔다, 왔다!" "야, 야!"라고 외치는 소리가 들렸다. 나는 엄마와 여동생, 아주머니와 함께 집 안에 있었다. 그러다 날이 밝았다.

고토부키 소학교 5학년생은 이렇게 쓰고 있다.

밤이 되자 여기저기에서 조선인 소동이 일어나 나는 죽창을 들고 주위를 돌아다녔다. 저쪽에서는 조선인을 죽이고 "만세, 만세"라고 외치고 있다. 그러자 또 건너편에서 조선인이 있다고 말하자 '땅' 하는 총소리가 들렸다. 나는 놀라서 열심히 주위를 지키고 있었는데, 바로 앞에 조선인이 있다고 말하자 사람들은 "네" 하고 소리치며 곧바로 조선인을 해치웠다.

고토 아마네 선생은 "조선인이 온다" "무기를 들어라" "죽여도 좋다"가 조선인 학살을 일으킨 유언비어의 세 요소였다고 지적한다. 지진 발생 첫날부터 그 세 가지가 갖추어져 있었다는 것을 아이들의 작문은 전하고 있다. 살해당한 조선인의 모습을 담은 글도 있었다. 다음은 고토부키 소학교의 다른 5학년생의 작문이다.

드디어 밤이 왔습니다. 그러자 조선인이 300명 온다느니 3,000명 온다느니 해서 크게 당황했습니다. 그리고 7시 무렵 걷다 보니, 조선인이 나무에 묶여 죽창에 배를 찔리고 톱으로 잘려 있었습니다.

다음은 미나미요시다 제2소학교 6학년생의 작문이다.

잠을 자려는데 석유통이 펑 터졌다. 조금도 잠을 이룰 수 없었
다. 조금 지나자 "와" 하는 소리가 들렸다. 깜짝 놀라 목소리가 나
는 쪽을 보니 저놈을 죽여버리라고 소리치고 있다. 나는 쇠몽둥이
를 들고 가서 보니, 조선인 셋이 많은 사람한테 언어맞아 거의 죽
어가고 있었다.

지진 이틀째

길었던 밤이 지나 날이 밝고 2일 아침을 맞는다. 고토부키 소학교
고등과 2학년생은 파출소 앞에서 묶여 있는 조선인을 목격했다. "파
출소 앞에 가자 조선인이 전신주에 철사로 꽁꽁 묶여 있었고, 반팔을
입은 사람에게 쇠막대로 맞고 있었다." 강에 가자 "불에 탄 사람과 쓰
러진 조선인이 저쪽으로 굴러가다가 다시 이쪽으로 굴러왔다. 그때마
다 악취가 나서 견딜 수 없었다". 거리에서 밤을 보낸 고토부키 소학교
고등과 1학년생은 다음과 같이 기록했다.

다음 날, 아직 날이 밝기 전에 일어나 보니 남자들이 와자지껄

시끄럽게 떠들고 있었다. 엄마에게 무슨 일이냐고 물었더니 어젯밤에 조선인이 왔으니 이제 잠들지 말라고 했다. 이쪽으로 왔으니까 분명 조선인일 거라고 했다. 그러자 다시 시끄러운 소리가 가까이에서 들렸다. 소리가 나는 쪽으로 가 보니 많은 남자가 조선인을 때려죽이고 있었다.

고토 아마네 선생은 이 무렵부터 아이들이 품고 있던 공포심은 증오로 변해갔다고 지적한다.

날이 밝자 선인이 잡혔다고 해서 보러 갔더니 큰 사람이 전봇대에 묶여 있었다. 그 선인이 불을 지르려는 것을 발견하여 붙잡았다고 한다. 옆집 형은 큰 대나무 막대기로 머리를 때렸다. 나도 때렸다. 나는 날이 밝아오길 기다리기가 힘들었다. (이시카와 소학교 고등과 2학년생)

길옆에 두 명이 쓰러져 있었다. 호기심을 누르지 못해 곁에서 보았다. 머리는 갈라져 피투성이였고, 셔츠는 피로 물들어 있었다. 모두가 대나무 막대기로 쿡쿡 찌르면서 "지긋지긋한 놈이다. 이놈이 어젯밤 날뛰던 놈이다"라며 못마땅하다는 듯이 침을 뱉고 가버렸다. (고토부키 소학교 고등과 1학년생)

2일 대낮에도 학살은 공공연히 이어졌다.

나카무라바시에 많은 사람이 있었다. 가 보니 선인들이 두들겨 맞고 있었다. 이번에는 선인이 강물 속으로 던져졌다. 그러자 선인이 헤엄쳤다. 일본인이 잇달아 쫓아가 양안에서 한 명씩 뛰어들어 도끼로 머리를 쿡쿡 쳐서 끝내 죽이고 말았다. 집에 돌아왔다. 선인이 죽었다고 해서 보러 갔더니 머리가 열 군데 정도 잘려 있었다. (미나미요시다 제2소학교 6학년생)

점심 무렵이 되자 조선인들이 내습해왔다는 소문이 사람들의 입을 통해 빠르게 전해졌다. 조선인 소동은 갈수록 심해졌다. 암호로 산과 강 이름을 말하고 일본도를 빼들었다. 도끼나 창을 든 사람들은 살기를 띠었다. 보는 것만으로 대단했다. 간밤에 재향군인을 조선인으로 잘못 알고 죽였다는 것과 북쪽에 불을 질렀다는 이야기가 전해졌다. 그때 산 위에서 "누군가 빨리 오세요. 조선인 세 명이 있어요. 응원. 응원"이라는 젊은 남녀의 목소리도 들렸다. 살기등등한 사람들은 앞을 다투어 목소리가 나는 쪽을 향해 갔다. 곧바로 "우물을 경계해주세요"라는 소리도 들렸다. (고토부키 소학교 고등과 2학년생)

2일 밤, 요코스카에서 파견된 해군 부대가 요코하마에 상륙했다. 처음 도착한 군부대였다. 이를 목격한 아이들은 다음과 같이 적었다.

병사들은 "조선인들이 난동을 부려서 온 것이다"라고 말했다. 그 병사가 지나가자 탕탕 총소리가 들려왔다. 게다가 "우와" 하고 선인이 떠드는 소리. 무서웠다. 귀에 총소리가 울렸다. "만세, 만세, 만세"라는 목소리. 아 이겼구나. 기뻤다. (고토부키 소학교 고등과 1학년생)

지진 셋째 날 이후

극심한 혼란은 사흘이 지나도록 가라앉지 않았다.

아침이 되자, 한 조선인이 귀에서 옷깃 부분까지 잘려 살이 터져 나와 피를 줄줄 흘리고 있었다. 이상한 말로 엉엉 울다가 경찰에 붙잡혀 갔다. 많은 사람에게 심한 곤욕을 치러 마침내 죽임을 당하고 말았다. ……또 무서운 밤이 왔다. 그러자 망을 보는 사람 여럿이 등불을 꺼달라고 말했다. 조선인 60명이 단체를 이루어 왔다고 말하기도 했다. 조선인이 구슬을 던지니 문을 닫으라고도 말했다. 무섭고 무서워서 견딜 수가 없었다. (이시카와 소학교 고등과 2학년생)

3일은 점심 무렵부터 이웃 사람들이 칼이나 창, 쇠몽둥이를 들고 다녀서 무슨 일이 일어날 것 같다는 생각이 들었다. 호리노우치 쪽에서 한 사람을 데리고 요란하게 떠들며 나카무라바시 위로 갔다. 그 사람은 조선인이었다. 많은 사람이 조선인을 다리 위에서 칼로 베거나 쇠몽둥이로 때리고 창으로 찔렀다. 결국에는 강물에 던져버렸다. (미나미요시다 제2소학교 6학년생)

4일이 되어도 상황은 변하지 않았다.

조선인은 "미안해요, 이해해주세요"라고 외치고 있었다. 여러 사람이 호주머니를 조사해보니 독약이나 성냥과 종이를 많이 가지고 있었다고 한다. 이런 놈들은 죽여버려야 한다며 칼로 베라고 말했다. 때리고 발로 차서 눈 위가 튀어나왔다. 그래도 조선인은 일어나려고 했다. 다리와 손을 묶고 학교 언덕에서 질질 끌고 가다가 구루마바시에서 내팽개쳐버렸다. 그래도 조선인은 계속 올라오려고 했다. 사람들이 다 같이 돌을 던지고 나니 죽고 말았다. (이시카와 소학교 고등과 2학년생)

작문 중에는 "4일과 5일은 조선인의 일뿐이어서 무섭지 않았다(미나미요시다 제2소학교 6학년생)"고 적은 것도 있었다. 아무튼, 생생한 내

용의 작문이다. 정말 현실감이 느껴진다. 유사한 광경이 여러 글에 등
장한 것도 눈에 띈다. 고토 아마네 선생의 연구에 따르면, 작품의 내
용은 공적인 기록과도 부합한다고 한다.

3 　왜 유언비어를 믿었을까?

"천하에 거리낄 것 없는" 살인

어른들의 체험과 목격담을 담은 책도 여러 권 출간되었다. 요코하마 시가 1926년에 출간한 『요코하마시 진재지橫浜市震災誌』에서 하나만 소개하겠다. 9월 3일, 불에 타고 형체만 남은 전철에서 비를 피하던 남자들의 대화라고 한다.

조선인은 어떤가요? 난 오늘까지 여섯 명 해치웠어요.

그래, 어떻게 해서든 몸을 지켜야지. 천하에 거리낄 것 없이 죽일 수 있으니 씩씩하고 당당하게 해야지.

이곳 나카무라정에는 선인 소동이 가장 심했어요. 밧줄 따위가 불에 타고 없어서 전신주에 철사로 묶을 정도였으니까요. 그리고 때리고, 발로 차고, 쇠갈고리로 머리에 구멍을 냈어요. 죽창으로 찌르는 등 정말 엄청났지요. 그놈들은 눈물을 뚝뚝 흘리며 살려달라고 굽신거렸지만, 결코 비명을 지르지 않는 게 참 신기했어요.

아침에도 죽였어요. 강가에 쓰레기통이 있잖아요. 그 안에 젊은 놈이 하룻밤 숨어 있었나 봐요. 그걸 발견하고 다 같이 잡으려

고 했지요. 그 자식은 강으로 뛰어들어 강둑으로 헤엄쳐 도망치려
고 했어요. 돌을 던졌지만 좀처럼 놈을 맞힐 수 없었어요. 모두 돌
을 던졌는데 하나도 안 맞았어요. 마침내 나룻배를 띄웠지요. 아
주 센 놈 같았어요. 10분 정도 물속으로 잠수했으니까요. 잠시 후
숨이 찬 듯 나룻배 바로 옆으로 머리를 내밀었지요. 나룻배에 있
던 한 사람이 쇠갈고리로 놈의 머리를 찍어 나룻배로 끌어당겼어
요. 마치 목재를 끌어당기는 것 같았어요. ……나룻배 옆으로 끌
고 온 다음 정말 엄청났어요. 쇠갈고리 한 방으로 이미 죽은 놈을
다시 칼로 베고 죽창으로 찔렀어요.

9월 4일에 군마현에서 지원 경찰관들이 처음으로 요코하마에 도착
했다. 효고현에서 나온 첫 구호반은 5일에 도착했다. 시나가와와 요코
하마 구간의 철도가 개통되어 현과 시, 경비대 사령부의 첫 합동 회의
가 열린 것은 7일이었다.

경찰도 신문도

유언비어를 믿은 것은 이재민뿐만이 아니었다. 가나가와현 경찰부가
1926년에 간행한 『다이쇼대지진 화재지大正大震火災誌』는 다음과 같이
말한다.

2일 오후 8시경 불령선인 300명이 호도가야 지역에 내습하여 니시토베와 후지다나 그리고 구보야마 방면에서 경찰관과 전투 중이었다. 같은 날 9시경까지 경찰관 부족으로 불령선인은 마침내 니시토베 안까지 침입했다. 부인을 습격하여 휴대금을 약탈하거나 강간하고, 심지어 국부에 식염을 투입한다는 유언비어가 그 지역에 널리 퍼졌다. 고토부키 경찰서 관내와 도베 방면의 함성을 듣고서 점차 이를 사실이라고 믿었다. 노약자와 부녀는 공포감에 말을 잃었다.

경찰도 유언비어를 믿었다. 군대는 요코하마에 무장 부대를 파견했다. 파견 목적이 이재민 구호가 아니었음이 명백하다. 수도권에서는 신문사도 큰 피해를 입고, 아무런 역할을 하지 못했다. 당시 라디오는 아직 없었다. 그런 가운데 전국 각지에서 발행된 신문의 호외가 남아 있다.

9월 3일자 《오타루신문小樽新聞》은 「불령선인이 곳곳에 방화」, 《쇼나이신보庄內新報》는 「불령선인 점점 확대, 오지王子와 요코하마 방면에서 군대와 충돌」, 《가에쓰신보下越新報》는 「주의자와 선인 일당, 상수도에 독을 살포」「죄수 300명 탈옥해 선인과 함께 대폭동, 강간, 탈취, 살인을 저지른다」고 보도했다. 4일자의 《신아이치新愛知》에는 「불령선인 1,000명, 요코하마에서 전투 개시, 보병 1개 소대 전멸인가」라고 전한다. "우물에 독을 탔다, 집에 불을 질렀다"는 수준의 유언비어는 멈춰지지 않았다. 더욱이 이런 신문들이 전한 호외는 유언비어가 난무한 곳의 피해 지역에만 국한되지 않았다. 신문을 만드는 사람들이 유언비어를 의심했다면, 이런 호외는 나오지는 않았을 것이다. 실제로 그런 사건이 있을 수 있는 일이라고 전국 곳곳에서 믿고 받아들였다는 걸 말해준다.

일본 전체가 '불령선인'에 겁을 먹었다. 공포의 대상은 국내에만 머물지 않았다. 《가호쿠신보河北新報》는 6일자 석간 1면에 「재선在鮮 불령선인, 일제히 봉기」라는 기사를 다음과 같이 게재했다.

5일 시내 모처에 도착한 정보에 따르면, 도쿄의 지진 재해를 틈타 불령선인이 폭동을 일으켰다는 소식이 조선으로부터 전해졌다. 무슨 일이 일어나기를 기대하고 있던 불령선인들이 봉기하여 내지인 다수를 학살했다. 이 때문에 고쿠라 제12사단에 동원령이 내려져 조선으로 향했다는 소문이 있다. 일설로 보도해둔다.

센다이에서 떠도는 유언비어를 기록한 것이다. '모처'가 구체적으로 무엇을 가리키는지는 추측할 수밖에 없지만, 어떤 공적 기관일 것이다. 센다이에는 제2사단 사령부가 있기 때문에 확인해볼 수 있었겠지만 아마도 확인할 수 있는 상황이 아니었을 것이다. 그러나 그냥 방치하기에는 너무 중대한 정보고, 있을 법한 사태로 여겨 기사로 쓴 것으로 보인다. 그런 뉘앙스가 기사에서 전해진다. 증오와 두려움의 근원이 '피해 지역에서의 폭동'이 아니라, '조선인'에서 비롯되고 있음을 시사한다고 볼 수 있다.

무기를 들지 마라

사옥이 소실된 《도쿄 아사히신문東京朝日新聞》이 지진 이후 처음 신문을 발행한 것은 9월 4일이었다. 손으로 쓴 기사를 등사판 인쇄로 한 페이지만 만들었다. 그렇게 지역별로 몇 종류를 더 만든 모양이다. 가나가와현을 대상으로 제작된 것은 '요코하마 전멸' '요코스카 피해 격심' 등의 피해를 지역별로 보도하고 있다.

그 뒤를 이은 기사에는 "무기를 들지 마라"는 제목이 붙어 있다. 여기에서는 "조선인이 전부 나쁜 게 아니다. 선인을 불법으로 따돌려서는 안 된다. 시민이 무기를 소지해서는 안 된다고 계엄사령관이 명령을 내렸다"고 전했다. 여기서 말하는 계엄사령관의 명령은 4일에 내려진 것으로 "군대 헌병 또는 경찰의 허가가 없으면 자경단과 일반 주민은 무기 또는 흉기를 휴대할 수 없다"고 명령한 것이다. 2일에 계엄령이 내려졌고, 3일에 설치된 관동계엄사령부가 이재민을 향해 내린 첫 명령이었다. 4일이 되면, 도쿄뿐 아니라 요코하마에서도 관청과 경찰, 군은 유언비어가 사실이 아니란 걸 알았다. 하지만 광란은 쉽게 가라앉지 않았다. 심각한 골칫거리는 무기를 든 민중의 존재였다는 걸 이 명령은 말해준다.

아이들의 작문은 계엄사령관이 "들지 마라"고 명령한 무기의 정체도 전한다. 드라마 〈이다텐〉에 나오는 현장에서 주운 나무막대기 같은 것이 아니었다. 피범벅이 된 일본도, 죽창과 쇠갈고리, 쇠막대와 톱, 그리고 총성도 여러 작문에 기록되었다.

경비부대 법무부 일지

요코하마 사회과 부독본에서 학살이라는 단어가 사라진 2013년은 지진 재해 90주년이 되는 해로 각지의 박물관에서 기념 전시회가 개최되었다. 그 가운데 하나인 요코하마 도시발전기념관의 특별전에 「가나가와 방면 경비부대 법무부 일지神奈川方面警備部隊法務部日誌」라는 제목의 낯선 자료가 전시되었다. 이 자료는 계엄령하에 요코하마 일대에서 활동한 육군 부대에서 사법 업무를 담당한 부서의 업무 일지였다. 요코하마시 중앙도서관의 귀중서고에 잠들어 있다가, 처음으로 공개된 자료다. 상세한 내력과 내용은 알 수 없지만, 전후에 고서점을 거쳐 구입된 것으로 보인다.

10월 4일의 일지는 다음과 같다. "선인 학살의 흔적을 시찰했다." 다음 날 5일의 내용은 다음과 같다. "선인 학살의 흔적을 시찰하고 헌병장과 여러 타합을 벌였다." 법무부는 군법회의에서 검찰관 역할을

「가나가와 방면 경비부대 법무부 일지」의 일부.

'선인 학살 유적 시찰'이라는 문자가 보인다.
그밖에 '조선에 대한 내지인 박해에 관한 건과 범죄 용의자 보고'를 육군성 법무국장에게 제출했다는 내용을 확인할 수 있다.

맡았다. 그 담당자가 이틀 동안 계속해서 같은 현장을 찾아갔다. 이틀째에는 군 경찰인 헌병 책임자도 동행했다.

이 일지는 지진 재해로부터 1개월이 지난 시점에 요코하마에서도 조선인 살해를 둘러싸고 수사 당국이 움직이고 있었음을 말해준다. 법무부가 시찰한 요코하마 시내의 지명도 구체적으로 적혀 있지만, 지금까지의 연구 자료에서는 학살 지역으로 소개된 적이 없는 장소였다. 알려지지 않은 학살이 어딘가에 더 묻혀 있음을 보여주고 있다.

요코하마의 중학생 부독본에서 지워진 '학살'이라는 단어는 계엄령 하 경비부대의 업무 일지에도 당연하게 쓰여 있다. 군 법무관조차도 살해나 살인이 아닌, 학살이라고 여기는 심각한 사태가 있었음을 말해준다.

조선총독부 보고서

이런 사태를 조선인들은 어떻게 받아들였을까? 여기에도 귀중한 자료가 남아 있다. 조선총독부가 정리한 「피난민과 지방민의 감상 보고 避難民及地方民の感想報告」다. 일본에서 귀국한 조선인의 목소리를 총독부의 조선인 직원이 부산에서 듣고 취합한 것이다. 자료는 10월 30일에 발행되었다. 6,000명의 피난민을 만났는데, 그중 1,000여 명은 유학생이었다고 한다. 이 자료는 감상과 의견을 분류해놓았다. 노동자 대부분은 '막연한 공포와 단순한 반감'을 품고 있었지만, 학생 다수는 '심각한 평가에 더하여 조직적인 반감'을 품고 있다고 지적한다. 구체적인 목소리를 다음과 같이 열거한다.

무분별한 학살이 자행되었다. 그 원인과 이면을 고려하지 않을 수 없다. 즉 조선인이라는 세 글자가 그 원인이었다. 뭐라 말해도 그것은 개인적인 것이 아니라, 민족 대 민족의 행위다.

정당방위라고 변호하는 자도 있지만, 이는 완전히 세인을 기만하고 특히 조선인을 우습게 보고 하는 말이다. 설령 조선인의 초적적草賊的 폭행이 있었다 해도 민중이 모두 직접 행동에 나설 필요가 있었는가? 조선인의 생명을 파리보다 훨씬 가볍게 생각한 것은 저절로 분명해진다.

관헌과 지식계급 중에는 소수의 조선인이 참살됐다고 변명하는 자가 많다. 그러나 우리는 피해자의 많고 적음을 따지려는 게 아니다. 왜냐하면, 민족적 의미에서 적어도 도쿄 부근에 재류하는 조선인은 정신적으로 일본인에 의해 전부 살해당했기 때문이다. 살아남은 자의 생명은 그저 요행일 뿐이다.

생각해봐라. 높은 곳에서 내려다보시는 신이, 죄도 없고 저항력도 없는 수천의 생명이 고양이에게 쫓기는 쥐처럼 순간의 생명을 다투는 광경을 어떻게 볼 것인지를.

이 밖에도 "죽창과 쇠갈고리 등으로 들개를 박멸하는 것 같은 광경이 눈앞에서 벌어졌다. 만약 사람의 마음을 갖고 있다면 당연히 악감정이 일어날 수밖에 없다"고 말하면서 "우리 일선인日鮮人의 관계는 어느 쪽이든 공동생활을 피할 수 없는 운명이다. 헛되이 악감정을 지니는 것은 서로 간에 불이익을 가중시킬 뿐이다"고 말하거나, 자신을 지켜준 일본인에게 감사하다는 목소리도 적혀 있다.

일본 상황을 전해 들은 조선 현지인들의 반응도 기록한다. "이번 대학살은 경시청과 군대의 비밀 명령에 따라 조직적으로 이뤄졌다"고 믿는 사람들이 있다. "선후책이 궁해 사실을 은폐하고, 도쿄에서 온 귀환자에게 사실을 말하는 걸 엄금할 뿐 아니라, 오히려 사실에 반하는 허언을 강요하는 것은 아무리 상대방이 조선인이라 한들 너무 무시하는 것이다"라며 분개하는 사람도 있다. "이처럼 다수의 무고한 사람을 학살하고 이대로 무사히 넘어갈 수 있는 천도天道가 있을 리 없다. 반드시 인과응보가 따를 것이다"라며 저주하는 사람도 있었다. 조선총독부는 도망쳐 온 피난민 못지않게 '불량'한 의견이 많았다고 총괄하고 있다.

습격한 일본인과 습격당한 조선인, 그 양측의 당사자와 목격자의 생생한 증언을 살펴보면서 조선인 학살이란 과연 어떤 사태였는지 윤곽이 드러났다. 여기에서는 요코하마를 중심으로 살펴보았지만, 이 밖에도 체험담이나 증언집은 많이 출간되었다. 각지에서의 연구를 바탕으로 볼 때, 그런 사태가 관동 지방의 광범위한 지역에서 펼쳐졌다고 생각해도 무방할 것이다.

제4장

두 학살을 연결하는 선

1 일본군 병사의 실상

무엇이 사람들을 내몰았는가?

지금까지 관동대지진의 조선인 학살이 어떤 사건이었는지 자료를 읽으면서 살펴보았다. 하지만 그 실태가 드러남에 따라 새로운 의문이 불거졌다. 유언비어는 너무 황당했고 학살은 너무 처참했다. '저런 유언비어를 왜 믿었을까?' '서슴없이 사람을 죽인 이유는 뭘까?' 대학의 연구자나 박물관 학예사 같은 사람들에게 문의를 해보았다. 그러나 납득할 만한 답변을 얻지는 못했다.

그들 중에는 1919년에 조선에서 일어난 3·1운동을 언급하는 사람이 많았다. 조선의 독립을 기원하며 한반도 전역으로 확대된 민중운동이었지만, 이는 거리로 나와 '독립 만세'를 외치는 비무장 시위로 많은 일본인이 희생되지는 않았다. 관동대지진 당시 조선인에 대해 '일본의 지배에 따르지 않는다, 즉 불령不逞'이라는 생각을 품은 일본인은 있었다. 하지만 조금만 냉정하게 생각해보면 있을 수 없는 일이 아닌가. "무장한 조선인이 집단으로 습격해온다"는 식의 유언비어를 그대로 믿고 무작정 사람을 죽일 수 있을까? 일본에서 귀국한 조선인들의 목소리를 기록한 조선총독부의 자료를 다시 떠올려보면 좋겠다. 일본인은 "고양이에게 쫓기는 쥐처럼" "들개를 박멸하는 것처럼" 조선인을 죽였다. 아무리 생각해도 이해할 수 없었다.

조선에서 온 노동자가 증가한 것을 지적하는 견해도 있다. 1910년에 일본은 한국을 병합했다. 1914년 제1차 세계대전이 시작되자 특수를 맞이했고, 부족한 노동력을 싼 임금의 조선인으로 보충했다. 그런데 1918년에 전쟁이 끝나자 경기가 얼어붙어 일본인 노동자와 일자리를 둘러싼 다툼이 벌어지고 있었다는 것이다. 그런데 통계를 확인해 보면, 1909년에 790명이던 재일조선인은 1918년에는 2만 명을 넘어섰고, 1923년에는 8만여 명이었다. 확실히 증가하고는 있지만, 지진 당시 관동 지방 전역에 이주해 있던 재일조선인은 2만 명 정도였다. 대다수가 토목공사 현장을 전전하는 노동자로 이민이라기보다는 생계형 이주 노동자였다. 마찰이나 알력은 있었겠지만, 지엽적이거나 일시적이었을 거다. 관동 지방 일원에서 민중 모두가 살의를 느껴 공격할 정도였다고는 도저히 생각할 수 없다.

작가 요시무라 아키라吉村昭는 『관동대진재関東大震災』에서 "유언비어는 통상 사소한 사실이 부당하게 부풀려져 입에서 입으로 전해지는 것이지만, 관동대지진에서의 조선인 내습설은 아무런 사실 근거가 없는 특이한 성격을 갖는다. 이는 당시 관헌 조사에서도 확인된다. 대재앙으로 사람들 대부분이 정신이상을 겪은 결과로밖에 볼 수 없다"고 지적했다. 하지만 조선인을 박해한 것은 한두 명이 아니었다. 하루 이틀도 아니었다. 광범위한 지역에서 며칠에 걸쳐 정신이상이 계속될 수도 있는 걸까? 요코하마의 경우를 살펴보면, 학살과 동시에 약탈이 대규모로 자행되었다. 당시 신문은 요코하마 창고 회사가 현미 5만 섬, 닛신제분 회사가 밀가루 3만 섬을 빼앗겼다고 보도했다. 이는 한두 사람이 아닌 상당수 사람이 이에 관여했다는 걸 뜻한다. 과연 그것도 모두 정신이상이었다는 말인가?

그래서 당시의 신문을 살펴보았다. 궁금증이 하나 생긴 부분은 '불령선인'과 마찬가지로 자주 등장하는 '조선인 빨치산'이라는 말이었다. 일본이 러시아 혁명에 간섭하려다 실패한 시베리아 출병, 그리고 니콜라옙스크 사건이 떠올랐다. 이는 1920년 러시아 아무르강 하구의 항구도시 니콜라옙스크가 적군 빨치산에 습격당해 주민 등 6,000명이 학살된 사건으로, 일본인들도 현지에 주둔한 육군 부대 등 700명 이상이 희생되었다. 당시 일본 사회를 뒤흔든 사건으로 빨치산에는 1,000명 정도의 조선인이 가담한 것으로 알려졌다. 하지만 원래 적군 빨치산의 주체는 러시아인이었다.

아무튼 여러 요인이 겹쳐 조선인을 '불령'으로 인식하여 위험시하는 풍조가 일본 사회에 분명히 존재했다. 하지만 그런 일로 무차별 학살이 일어날 수 있을까? 그 정도의 이유로 사람을 서슴지 않고 죽일 수 있는 것일까? 그것도 광범위한 지역에서 동시다발적으로 며칠에 걸쳐 자행할 수 있을까? 도저히 납득이 되지 않는다. 요시무라 아키라가 제시한 '정신이상'이라는 견해도 그 외에 확실한 이유나 원인을 찾을 수 없다는 정도의 의미에 지나지 않는다.

후비역 병사

사람들을 학살로 몰고 간 살의의 정체는 무엇이었을까? 무차별적으로 죽여야 할 정도로 무서운 '불령한 조선인'이란 어떤 존재였을까? 의문만 부풀어 오를 뿐, 석연치 않다고 생각하던 나에게 새로운 단서를 제공한 것은 이노우에 가쓰오의 동학농민전쟁 연구였다. 이노우에의 연구는 조선인을 가차 없이 죽인 일본군의 모습을 밝혀냈다. 그 논문을 읽어가는 사이에, 동학농민전쟁과 관동대지진을 연결하는 고리가 보이기 시작했다. 이 둘의 공통점은 일본인들이 서슴없이 학살을 거듭했고, 그 희생자가 조선인이라는 점만이 아니다. 나는 가해자의 모습이 떠올랐다. 그 단서는 동학농민전쟁에서 종군일지를 남긴 병사들이 소속된 부대의 성격이었다. 그 부대는 후비 제19대대였다.

당시 일본 남성들에게는 병역의 의무가 있었다. 20세가 되면 징병검사를 받았다. 여기서 합격한 사람은 청일전쟁 시기에는 육군 보병의 경우 3년간 복무했다. 이를 현역이라고 불렀다. 병역은 그것으로 끝나지 않고 무사히 귀향해 일상생활로 돌아간 뒤에도 예비역 4년, 후비역 5년이 부과되었다. 그 기간에는 유사시에 소집되어 전쟁터로 보내졌다. 동학군 토벌에 동원된 것은 그 후비역 병사를 소집한 부대였다. 후비 제19대대는 시코쿠 지역에서 후비병을 소집해 편성한 660명 정도의 부대로 토벌 작전의 전사자는 한 명이었다.

이노우에는 전사한 병사, 스기노 도라키치杉野虎吉 상등병의 무덤을 도쿠시마현 내에서 찾아냈다. 충혼비의 비문에는 "어려서부터 글솜씨를 겸비하고 온후하여 농상農商을 업으로 하며 결혼했으나 자식은 없었다"는 등의 그의 인품과 삶이 새겨져 있다. 전사 일자는 1894년 12월 10일로, "폭족暴族이 사방에서 몰려왔다. 총성이 뇌성처럼 울리고 검은 연기가 자욱해 지척을 분간할 수 없었다. 탄환이 아래턱을 관통해 결국 운명"이라고 기록되어 있다. 향년 38세로 별세했다. 병사로서는 상당히 많은 나이다. 막부 말기인 1857년 전후의 출생으로 메이지 유신을 거쳐 1877년에 20세가 된다. 제때 군 복무를 했다면 32살에는 후비역도 마치고 한반도 전쟁터에도 끌려가지 않았다. 징병제도가 시작된 지 얼마 되지 않아 사정상 20세를 조금 넘긴 뒤에야 징병검사를 받았을 것이다. 하지만 이 나이에 소집된 것에는 뭔가 다른 이유가 있었을 것으로 보인다.

병역의 의무는 국민 모두에게 평등하고 균등하게 부과되지 않았다. 메이지 전기의 징병제도에는 많은 면제 규정이 있었다. 신장이 기준 미달이거나 질병이 있는 경우 이외에도 관공서에 근무하는 자, 관립 학교 학생, 일가의 세대주나 후계자, 부형을 대신해 생계를 유지하는 자 등의 사정이 있으면 면제되었다. 입양으로 다른 집안의 후계자가 되더라도 면제 대상이 되었고, 대인료代人料라는 돈을 내면 면제되는 제도도 있었다. 병역을 기피하려는 풍조는 사회 전반에 퍼져 있었다. 한편 국가는 부국강병과 국민개병을 목표로 삼았지만, 성인이 된 남자 모두를 병역에 보낼 만큼 거대한 군대를 거느릴 경제력은 없었다. 실질적으로 복무자는 징병검사 합격자 가운데 추첨으로 결정되었다. 청일전쟁 당시 일본 육군의 상설 부대는 7개 사단이었다. 전수 방위 정책을 내세우는 오늘날의 육상 자위대가 9개 사단과 6개 여단으로 구성된 것을 감안하면 그 규모를 짐작할 수 있다. 그 결과 실제 병역의무는 면제 조건을 충족하지 못한 사람들, 구체적으로는 가난한 농가의 셋째 아들 같은 사람들이 짊어졌다. 전쟁이 일어나 현역병만으로는 전력이 부족했기 때문에 예비역이나 후비역 병력을 동원하려고 해도 그 대상은 한정적이었다.

이노우에의 조사에 따르면, 전사한 스기노 상등병은 소작농의 차남이었다. 청일전쟁에서는 후비 제19대대 외에 두 개 부대가 한반도에 투입되었다. 이는 후비 제6연대와 후비 제10연대로 모두 후비병 부대였다. 부산에서 북쪽으로 향한 병참선을 수비하고 확보하는 것이 이들의 임무였다. 그 병참선이 공격의 표적이 되어 동학군과의 전투에 나서게 되었다. 두 개 연대만으로는 병력이 부족해져 후비 제19대대가 동학군 토벌 전문 부대로 파견되었는데, 이 부대는 처음에 시코쿠에서 편성되어 시모노세키에서 포대 경비 임무를 맡았다.

자경단

동학군과 싸운 일본군 병사들이 어떤 사람들인지 어느 정도 파악했다. 그들은 사회적·경제적 약자로 편성된 부대라고 말해도 좋을 것이다. 이렇게 드러나는 병사들의 정체를 통해 동학농민전쟁과 관동대지진이 연결될 수 있다. 이 두 사건의 28년이라는 세월의 격차를 이어준 것은 자경단과 재향군인회라는 두 조직의 존재다. 관동대지진의 학살은 대부분 자경단에 의해 야기된 것으로 알려져 있다. 그렇다면 자경단이란 과연 어떤 조직이며 어떤 존재일까?

요시무라 아키라는 『관동대진재』에서 "대재앙으로 사람 대부분이 정신이상을 겪은 결과로밖에 볼 수 없다"고 지적한 다음, "그런 이상심리로 각 마을에서 조선인 내습에 대비하는 자경단이라는 조직이 자연적으로 생겨났다"고 말한다. 이것이 자경단에 대한 일반적인 인식일 것이다. 하지만 자경단의 수는 관동 지방에서만 3,000개 이상으로 알려져 있다. 지진 재해라는 미증유의 혼란 속에서, 그 정도의 대규모 조직이 그렇게 쉽게 결성되어 활동할 수 있을까? 이상하다고 생각하지 않을 수 없다. 이 소박한 의문에 대답해준 사람이 있었다. 가나가와현 사례를 중심으로 재일조선인의 역사를 연구해온 히구치 유이치樋口雄一로는 자경단의 기본 틀이 1918년의 쌀 소동을 계기로 경찰이 주도해 마련됐다고 말한다.

시베리아 출병 준비 때문에 군이 쌀을 대거 사들이는 바람에 쌀값이 급등해 곤란해진 사람들이 곳곳에서 연쇄적으로 들고일어난 쌀 소동의 참가자는 전국에서 70만 명이 넘는 것으로 알려졌다. 다이쇼 데모크라시라는 사회적인 물결의 흐름 아래, 민주주의 사상이나 사회주의적인 사고가 보급되던 시기에 일어난 사건이었다. 사태를 심각하게 파악한 내무 관료들은 그 대책으로 '민중의 경찰화'를 계획했다. 그리고 지역 경찰서를 통해 조직 만들기에 나섰다.

히구치의 연구에 의하면, 조직의 명칭은 자경단, 자위단, 자경조합, 안전회 등 지역에 따라 다양했고, 가나가와현에서는 지진 재해가 일어나기 전부터 경찰 주도로 조직이 만들어졌다. 방재, 화재 단속, 방범, 교통사고 방지, 도적떼 단속 등 경찰의 활동을 보조하는 역할을 담당하는 게 목적이었다. 히구치는 지진이 발생한 1923년의 《요코하마 무역신보橫浜貿易新報》를 조사하면서 다음과 같은 기사를 소개했다. 이 신문은 현재 《가나가와신문神奈川新聞》의 전신이다.

1월 7일, 호도가야의 야마시타 자경회가 신년회 개최.

2월 27일, 후지사와정 니시사카도 친교회 자위단에서는 민중 경찰의 결실을 거두기 위해 3월 4일에 성대하게 발회식을 실시하기로 했다. 이는 니시사카 전 후지사와 경찰서장의 후원에 의한 것이다.

4월 27일, 가와사키 경찰서의 오타 서장은 재향군인회, 청년단과 민중 경찰의 임무에 대해 협의하고 대부분 양해했다. 화재 시 비상선을 설치하는 등 경찰 업무 보조 외에 경찰의 밀행 활동 등을 논의했다.

4월 28일, 도쓰카 경찰서의 다케다쓰 서장이 지난해 자경조합의 유효성을 선전한 결과, 관내 마을에서 조직이 327개가 결성되었고 연합회도 49개로 늘어났다. 이 효과는 현저하여 화재는 전년의 3분의 1이 되었다.

6월 15일, 오다와라 경찰서의 가이 햐쿠센 서장이 관내 전체에 설치를 장려해 점점 좋은 성적을 거두고 있는 자위자경조합은 거의 전역에 퍼져 설립된 조합 수는 400개 가까이 되었다.

6월 20일, 하라마치다에서는 마치다 경찰서 분서장을 중심으로 안전회를 만들 것을 결정했다. 경찰에 연락해서 원조하고 재해의 경방警防, 위생, 풍기, 사상 교도가 목적이다.

8월 15일, 다카쓰 경찰서는 서장이 서원을 독려해 자경조합을 조직하기 위한 간담회 개최 통지를 발송했다. 이 활동은 재향군인 분회원, 청년단원, 소방조 등 마을 사람들의 양해와 요청을 받아 실시했다.

이 신문기사는 '민중의 경찰화'를 위한 조직 만들기가 지진 이전에 각지에서 진행되고 있었음을 보여준다. 경찰서장이 중심이 되어 호소했으며, 경찰 조직 상층부의 지시에 의한 것임을 짐작할 수 있다.

재향군인회

자경단의 중심이 된 것은 재향군인회였다. 오늘날 재향군인회는 전직 병사들의 친목 단체 정도로 이해하기 쉽지만, 당시에는 분명한 군 조직의 일부였다. 제국재향군인회가 결성된 것은 1910년이다. 러일전쟁의 교훈을 통해 현역병 상비 부대만으로는 앞으로의 전쟁을 수행할 수 없음을 절감한 육군의 발상이었다. 러일전쟁을 거치면서 병역 기간은 더 길어졌다. 현역 3년, 예비역 4년여에 더해 후비역은 5년 연장되어 10년이 되었다. 소집되면 병사로 싸울 수 있는 상태여야 하며, 훈련이나 점호 등 군사 의무를 정기적으로 수행해야 했다. 그런 예비역과 후비역 국민을 일상적으로 통제 및 감시할 필요가 있기 때문에 독일을 모델로 삼아 도입한 것이 재향군인회 제도였다. 조직을 지방에 촘촘히 배치해 전국 회원은 출범 초기에 100만 명, 1931년에는 260만 명에 달했다. 거대한 조직이었다.

쌀 소동은 재향군인회에 큰 전환기였다. 소요죄로 검사檢事 처분을 받은 사람은 전국에서 8,185명이었는데, 그중 재향군인이 990명을 차지했다. 자경단에서 또 하나의 중심축이던 청년단원도 866명이었다. 쌀 소동은 도야마현에서 어부의 아내들이 들고일어나 시작되었지만, 전국으로 확대된 후에는 그 중심에 건장한 남자들이 있었다. 치안을 담당하는 경찰 관료가 위협을 느낀 것은 당연한 일이었을 것이다. 재향군인이 쌀 소동에 나선 배경은, 앞서 언급한 메이지 이래의 병역제도를 살펴보면 알 수 있다. 돈을 내면 면제된다는 식의 노골적으로 불평등한 제도는 점차 사라졌지만, 당시의 병역제도는 국민개병의 취지와는 달리 고등교육기관에 재학하면 유예되는 등 부유층이 병역을 빠져나갈 수 있는 허점이 있었고, 실제 병역은 사회 중하층 자제들의 몫이었다. 사정이 이렇다 보니, 병사들이 부대에서 현역 근무를 마치고 일상생활로 돌아와 재향군인이 되더라도 경제적으로는 약자이고, 쌀값이 오르면 생활이 어려운 처지의 사람이 재향군인 중에 많았던 것은 자연스러운 흐름이었다.

2   정체불명의 적

교련용 보병총

지금까지 관동대지진의 학살을 일으킨 것이 자경단이며, 그 중심에 재향군인이 존재한다는 사실은 잘 알려져 있었다. 하지만 재향군인이 실제로 어떤 사람들이었는지 구체적으로 살펴본 적은 없었다. 그리고 한반도에서 일어난 사태를 조사하면서, 일본군이 거듭 처참한 학살을 저질렀다는 사실을 알게 되었다. 특히 이노우에의 동학농민전쟁 연구는 거침없이 조선인을 죽인 일본군의 모습을 극명하게 보여줬다. 그런 혹독한 싸움을 벌인 병사들은 군 복무를 마치고 나서 고향으로 돌아와 재향군인이 되었다. 한국병합 전후 시기에, 의병을 진압한 조선주차군은 상비 병력이 아니었고, 일본 각지의 사단이 교대로 투입돼 배치되었다. 즉 일본 전국의 재향군인 중에는 한반도 근무 경험자가 포함되어 있었다.

이런 사실을 감안하면, 지진의 혼란 속에서 자경단이 탈취하듯이 반출해나간 물건들에 주목할 필요가 있다. 그 물건 중에는 중학교 등에 보관되던 군사 교련용 보병총이 있었다. 요코하마에서 반출된 총의 수는 1,000정이라고 한다. 극심한 혼란 속에서 발생한 에피소드

중 하나로 생각할 수도 있다. 하지만 누가 왜 총을 갖고 싶어 했을까? 이렇게 접근해보니 새로운 생각이 떠올랐다.

총에 대한 욕구를 자극한 것은 유언비어였다. 조선인들이 집단으로, 게다가 무장하고 습격한다는 소문이었다. 일본군 부대와 교전 중이라든가, 그 결과 일본군이 패했다는 식의 유언비어까지 난무했다고 당시 신문은 전한다. 소학생의 글은 전쟁을 떠올리게 하는 긴장 상태였음을 말해준다. 냉정하게 생각하면 말도 안 되는 소리처럼 느껴지지만, 총을 들고 나온 사람은 한두 명이 아니었다. 유언비어를 듣고 거리낌 없이 총을 찾아서 학교로 뛰어간 사람이 상당수였던 것이다. 그것도 지진 후 집과 생활의 기반이 무너져 남자들이 당장 해야 할 일이 산적해 있는 상황에서 벌어졌다.

그만큼 유언비어가 절박하게 들렸을 것이다. 뭔가 짚이는 데가 있어서 그랬을 것이다. 무장한 조선인들이 집단으로 습격해온다, 우물에 독을 탄다, 여성을 강간한다, 집에 불을 지른다는 것을 그들은 한반도에서 경험하고 목격하지 않았을까? 그런 사태가 벌어질 수 있다고 의심 없이 생각한 배경이나 이유가 있었기 때문은 아니었을까? 뭔가 조치를 해야 한다. 그래서 그들이 찾아나선 것이 실전에서 사용해본 보병총이었다. 실탄이 없더라도 총검으로 쓰면 살상력이 높다는 것은 경험으로 알았을 것이다. 앞서 소개한 요코하마 지진 직후의 체험담을 다시 떠올려보자. "어떻게 해서든 몸을 지켜야지." 그렇게 생각한 것은 일부 사람만이 아니었을 것이다.

여기저기 찾아보니 계엄사령부가 9월 3일 재향군인회에 보낸 통보 자료가 있었다. 그 내용은 "계엄령을 포고하고 군대를 배치할 경우, 재향군인회가 단체로서 분회 또는 각 학교에 불하된 총과 총검을 사용하는 것은 온당치 않다"는 것이었다. 3일은 이미 피해 지역에 군 배치가 진행되어 유언비어가 사실이 아님을 계엄사령부도 파악한 때였다. 그 시점에 계엄사령부는 반출한 총을 사용하면 안 된다고 재향군인들에게 당부했다. "무기를 들지 말라"는 대국민 포고에 하루 앞서 재향군인들에게 호소한 것이다.

빨치산이란 누구인가?

관동대지진 당시 신문을 조사하면서 궁금했던 것 중에 하나가 '조선인 빨치산'이었다는 것은 앞에서도 언급했다. 처음에는 시베리아 출병 중인 일본군 부대 등이 학살된 1920년의 니콜라옙스크 사건이 머리에 떠올랐다. 아무르강 하구의 도시에서 일어난 참극이었다. 자료를 좀 더 살펴보니, 조선인 빨치산의 활동은 소련 영내뿐만 아니라 넓은 범위에서 활발했다. 활동 중심지는 간도였다. 조선과 중국 국경을 흐르는 두만강의 북쪽, 오늘날에는 중국 지린성의 일부로 옌볜조선족자치주 일대다.

그곳에서 무슨 일이 있었을까? 일본 육군이 정리한 『간도출병사間島

出兵史』를 읽어봤다. 제1장 「출병 전 정황」은 한국병합 전후부터 일본의 지배를 용납할 수 없었던 조선 사람들이 국경을 넘어 중국이나 러시아로 이주해 그곳에서 독립운동을 전개하게 되었다는 설명으로 시작된다.

"우리 행정권이 미치지 못하는 것을 기화奇貨로 삼아 해당 지방에 산재하는 몽매한 선인 자제를 모아 독립흥한獨立興韓의 사상을 고취하거나 외국인 선교사의 후원 아래 포교라는 미명을 핑계로 배일사상을 선전"하고 있다.

그곳은 일본군이 직접 개입할 수 없는 외국이었다.

특히 간도 지방의 불령선인은 점차 그 세력을 더해 독립광복을 표방하며 맹렬히 패거리를 규합했다. 그곳의 선인에게 돈과 곡식을 강제로 징수하고 또 한편에서는 모든 수단을 강구하여 배일사상의 양양에 힘쓰고 한국 독립의 가능성을 선전하고 있다. 시세가 어두운 일반 선인은 이에 공명하는 자가 많아 시일이 지나면서 그 세력이 급격히 증대하고 있다. 이들은 중국 관헌과 타협하거나 러시아 과격파와 제휴하여 점차 무력을 비축하는 등, 행동이 더욱 신랄하고 노골적이었다.

이주자가 많은 간도가 그 거점이었다. 조선의 독립을 목표로 3·1운동이 한반도 전체로 확산된 것은 1919년이었다. 그 이듬해인 1920년에는 독립운동 무장 세력이 국경을 넘어 조선을 공격하는 일도 잦아졌다. 9월 12일에는 훈춘琿春사건이 일어났다. 중국 영내의 훈춘을 마적이 덮친 것이다. 그 상황은 다음과 같이 기록되어 있다.

마적은 대부분 일본인만 살해했는데 그 독칼에 쓰러진 자 14명, 중경상자 30여 명에 달했다. 조선인과 중국인 피해자는 영사관에 구금 중인 선인 3명, 중국인 1명에 불과하며, 그 잔학 행위는 정말로 '빨치산'과 다를 바 없다.

여기서 말하는 '빨치산'은 시베리아 출병에서 마주친 적군 빨치산을 가리킨다. 700명의 일본인을 포함한 6,000명이 학살당한 니콜라옙스크 사건이 발생한 것은 그해 봄이었다. 정체 모를 흉포하고 강력한 적에 대한 두려움이 느껴진다. 이 사태로 조선군* 사령관은 '대對불령선인 작전에 관한 훈령'을 통해 "조선 외부에서 무력 진입을 기도하는 불령선인단에 대해서는 섬멸 타격을 가해야 한다. 추격을 위해

---

* 조선 주둔 일본군은 1910년 10월 1일부터 '한국주차군'에서 '조선주차군'으로 개칭되었으며, 2개 사단을 증설하여 상주 체제를 갖추면서 1918년 6월 1일부터 조선군으로 이름을 바꾸었다.

필요하다면 조선 땅 밖으로도 진출할 수 있다"고 명령했다. 국경을 넘어 중국령 지역까지 추격해도 무방하다는 지시다.

이런 경위를 거쳐 10월 일본군은 국경을 넘어 훈춘으로 군대를 파견했다. 조선군 사령관의 훈령은 그 목적을 다음과 같이 제시한다. "제국 신민을 보호하고 아울러 해당 지방의 불령선인과 이에 가담하는 마적, 기타 세력을 섬멸하고자 한다." 하지만 『간도출병사』를 읽어도 이 군사행동에는 잘 이해되지 않는 점이 있다. 섬멸의 목표로 삼은 적이 불명확하다는 점이다. 훈춘을 습격한 적들은 약 4,000명 규모로 "기존 마적과 그 모양을 달리하는 과격파와 매우 유사하다"고 지적했다. 하지만 그 내용을 보면 "러시아인 몇 명, 선인 약 100명, 중국 관병 수십 명" "러시아인, 중국인, 조선인의 가입은 부정할 수 없다"고 말할 뿐, 그 이상은 구체적으로 확인할 수 없다. 적의 주체는 정확히 마적인가, 조선인인가? 마적이 조선인 단체에 가담하고 있는지, 조선인이 마적에 포함되어 있는지 도무지 확실하지 않다. 원래 토벌해야 할 '불령선인'이 섞여 있다는 증거로 제시된 것은 "영사 분관 부근에 유기된 사체의 배낭 속에 조선 독립운동에 관한 서류 몇 장을 발견했다" "실내에 침입한 몇몇 적도가 조선어로 말하고 있다" "믿을 만한 정보에 의하면 어느 조선인 독립운동가의 휘하에 있는 자만 30명이 포함되어 있다" "납치되었다가 귀환한 사람의 증언에 따르면 조선인이 수십 명 있다"는 것이다.

이렇게 시작된 간도 출병을 둘러싼 한국과 일본의 역사 인식은 매우 커다란 격차를 보이는 부분이다. 청산리 전투는 그 전형적인 예로, 한국에서는 '독립군'의 대승리로 수천 명의 일본군을 살상했다고 알려졌지만, 『간도출병사』를 비롯한 일본 측 자료에 의하면 이렇다 할 전투도 아니라며 일본군의 패배를 인정하지 않는다. 다른 전투에 대한 내용을 보더라도 "20여 명을 사살하고 가옥 12채를 소각했다" 등의 기록은 있지만, 도주한 적들을 추격해 "49시간 동안 완전히 밀림 속에서 움직였기 때문에 그 노고가 매우 컸다"는 식의 기술이 눈에 띈다. 적의 모습도 행동도, 심지어 승패까지도 매우 애매모호하다.

오카와 서장의 이야기

관동대지진을 둘러싸고 요코하마에는 몸을 던져 조선인을 지킨 쓰루미 경찰서 오카와 쓰네키치大川常吉 서장의 이야기가 전해진다. 이 이야기의 줄거리는 다음과 같다.

지진의 혼란 속에서 쓰루미 경찰서는 많은 조선인과 중국인을 보호했다. 그런데 조선인에 대한 적개심이 비정상적으로 격화된 지역 주민들이 "조선인을 죽여라"고 외치며 몰려와 경찰서를 에워쌌다. "조선인 편에 서는 경찰서 따위는 부숴버려라"는 소리가 높아지는 가운데 오카와 서장은 군중 앞을 가로막고 "너희들이 이토록 나

오카와를 신뢰하지 않고 말을 듣지 않는다면 더 이상 어쩔 수 없다. 조선인을 죽이기 전에 나 오카와를 죽여라"고 호소했다. 이런 오카와 서장의 태도에 군중들은 위압을 느끼고 간신히 잠잠해졌다.

이 이야기에는 몇 가지 버전이 있다. 어느 것이 사실에 가까운지, 구체적으로 어떤 일이 있었는지는 소학생의 작문을 연구한 고토 아마네가 검증한다. 실상은 다음과 같다.

쓰루미는 오늘날의 요코하마시 쓰루미구에 해당하며, 당시에는 다치바나군 쓰루미정이었다. 쓰루미강의 하구 일대로 주택이나 공장이 많아 지진 피해는 비교적 적었다. 경찰서는 직원 30명 정도의 규모였다. 지진 재해 다음 날인 9월 2일, 쓰루미에도 유언비어가 퍼졌다. 도카이도를 오가던 이재민이 전한 것 같다. "반란을 일으킨 조선인들이 요코하마로 결집하고 있다. 쓰루미도 습격할 것이다" "요코하마의 소실은 조선인의 방화 때문이다" "약탈, 강간, 살인 등 온갖 잔학한 짓을 하고 있다"는 내용이었다. 이 유언비어에 마을은 어수선해졌다. 이 일대에는 300명 정도의 조선인이 살고 있었다. 흉기를 든 사람들이 조선인과 중국인을 공격하기 시작했다.

보도 통제가 해제된 뒤 신문기사에 따르면, 현 경찰부가 쓰루미에서 조선인 8명이 학살당했다고 발표했다고 한다. 10월 21일자 《도쿄니치니치신문東京日日新聞》은 "쓰루미 신사 경내에서 3일 대낮에 2명의 선인 토공이 100여 명의 자경단에 포위되어 살해당했고, 사체는 부근 쓰루미강에 던져졌다"고 보도한다. 오카와 서장은 조선인에게 반란의 기미가 없음을 확인하고 조선인을 고용하고 있는 공사장 감독관에게 위험해지면 경찰서로 피난시키라고 전했다. 3일까지 많은 조선인과 중국인이 경찰서에서 보호되었다. 10월 21일자 《요미우리신문》은 그 수를 "선인 326명, 중국인 70명"이라고 전했다.

그러나 사람들은 "위험한 조선인을 추방하라"고 요구했다. 동네 명가의 마을 유지와 재향군인회 책임자, 심지어 지역 선출 의원들까지 경찰서에 담판을 하러 왔다. 그리고 "4일의 임시 마을 의회에서 조선인을 현 밖으로 추방하기로 결정했다"고 오카와 서장에게 전달했다. 몰려든 군중은 경찰서를 공격할 기세였다. 이에 대해 오카와 서장은 "조선인에게 손을 대려면 그렇게 해봐라. 외람되지만 오카와 쓰네키치 내가 모든 것을 책임지겠다. 오카와 나부터 먼저 해치운 다음에 해라. 우리 경찰서원이 업무를 계속하는 한, 한 사람도 내주지 않겠다"며 강경한 태도를 취했다. 무력 침입의 기세는 가라앉았지만, 군중은 여전히 납득하지 못해 해산하지 않으며 "위험한 조선인이 탈영하면 어떻게 할 거냐"고 다그쳤다. 이에 오카와 서장은 "경찰서에서 탈주하는 조선인이 단 한 명이라도 있으면 할복하고 책임지겠다"고 약속했고, 그제야 군중이 해산했다.

4일의 임시 마을 의회는 오카와 서장을 추궁하는 장이 되었다. 주민들은 "엄한 조치를 취해야 할 경찰서가 오히려 증오해야 할 조선인을 보호하고 있다. 도대체 어떻게 할 것인가?" "위험한 조선인을 경찰서에 보호하는 것은 난폭한 호랑이를 불안전한 우리에 가둔 것과 같다. 언제 우리를 부수고 날뛸지 모르니 동네 사람들은 불안에 빠져 있다"고 말했다. 이에 대해 오카와 서장은 "유언비어는 아무런 근거도 없는 날조된 것이다. 그들은 일하러 온 노동자로 반란을 꾀한 일은 절대 없었다" "소지품을 검사했지만 무기 하나 갖고 있지 않았다. 온순하고 동정해야 할 이재민이다" "그들을 보호하는 것은 나의 절대적인 책임이며, 쓰루미 경찰서는 어디까지나 그들을 보호할 것이다. 인원이 몇 명 늘어나도 이 방침은 바뀌지 않는다"고 반론을 펼치며 설득했다. 어느 마을 유력자의 일기에는 "오카와 서장은 열성을 담아 말했다"고 적혀 있다. 게다가 오카와 서장은 "꼭 경찰서에 와서 그들의 상태를 봐달라"고 호소했다. 경찰서를 방문해 확인한 결과, 조선인 상당수는 일본인의 폭행으로 부상을 입은 상태였다. 사람들은 "과연 오카와 서장의 말이 맞구나" 하고 이해했다고 한다. 그 모습에 대해, 마을 의원 한 사람이 다음과 같은 회고록을 남겼다.

심정이 비로소 맑아졌다. 누가 유언비어를 발설했을까? 정말 아무 근거도 없는 날조가 틀림없다면 아무런 이유도 없이 이 선인들의 몸과 목숨을 위험에 몰아넣은 것이다. 또 우리 민중은 일시적이지만 공포에 빠져 이틀 밤을 불안과 근심, 탄식 속에서 지새웠다. 참으로 그 어리석음을 부끄러워해야 한다.

오카와 서장의 이야기는 조선인들 사이에서 구전되었다. 일본인에게 까지 퍼진 것은 전후 한참이 지난 뒤였다고 한다.

'불령선인'의 정체

이렇게 자료를 읽어나가면, 간도 출병과 관동대지진에는 공통점이 보인다. 일본군과 일본인들이 쓰러뜨리려는 적의 정체, 실체가 불분명하다는 것이다. '불령선인'이란 누구인지, '빨치산'이란 어떤 집단인지, 일본인들은 그 구체적인 모습을 알지 못했던 것 같다. 오카와 서장의 일화는 이러한 사실을 잘 전한다. 그래도 일본은 그들을 적이라고 생각하고 계속 추격했다. 간도 출병은 다른 나라 영토를 침범한 군사 행동이었다. 베트남이나 아프가니스탄에서의 게릴라전을 떠올리게 하는 환경이어서 일본군에게는 언제 공격받을지 예측할 수 없는 긴장의 연속이었을 것이다.

나는 그런 정체불명의 적과 싸운 일본군의 존재가 궁금했다. 한국 병합을 거쳐 일본 육군은 한반도에 조선주차군을 설치하고 그 휘하에 2개의 사단을 두었다. 그것이 제19사단과 제20사단이다. 간도 출병과 항일 빨치산과의 전쟁은 제19사단이 그 역할을 맡았다. 한반도의 북

동단에 가까운 나남羅南, 즉 오늘날의 함경북도 청진에 본부를 두었고, 함흥과 회령에 보병 연대를 배치하고 있었다.

조선주차군 부대 병사들은 일본 본토에서 보내졌다. 어디서 모집한 병사들이었을까? 제19사단의 병사들은 동일본 일대에서 징병한 병력을 배속했다. 평시에 사단은 거의 1만 명 규모다. 그 상당수를 차지한 현역병들은 병역 기간을 마치면 고향으로 돌아와 재향군인이 되었다. '불령선인'이나 '빨치산'을 추격하고 대치한 경험이 있는 병사들이 관동대지진 시기에는 재향군인으로서 동일본의 넓은 지역에 1만 명이라는 규모로 존재한 셈이다. 앞서 의병 진압에 동원된 병사도 있었다. 여기에 시베리아 출병이나 관동군 근무자를 더하면 한반도나 대륙 곳곳에서 정체 모를 적과 싸우도록 강요당한 병사들은 일본 전역에 재향군인으로 존재했다.

적으로 여기던 빨치산과 불령선인은 니콜라엡스크 사건에서 일본군을 포함한 6,000명을 몰살해 일본 사회를 전율케 했다. 적의 이미지는 거대한 공포의 대상으로 부풀려져 있었을 것이다. 일본열도 안팎으로 각각 나뉘어 있던 역사가 결합되면서, 한반도에서의 일본군의 행동과 관동대지진 학살을 잇는 선을 찾을 수 있었다.

학살의 기본 구도

관동대지진 연구의 일인자 강덕상의 『관동대진재·학살의 기억関東大

震災·虐殺の記憶』에는 '자경단 설립자 중 한 명'의 발언을 이렇게 소개한다.

> 만약 중국이나 조선이었다면 도처에서 시끄럽기 짝이 없는 혼란과 소란이 극심해 도저히 수습할 수 없는 장면을 보였을 것이다.

TV도 라디오도 없던 시대에 이 사람은 어떻게 중국이나 조선 사회의 사정을 잘 알고 있을까? 일찍이 스스로 "시끄럽기 짝이 없는…… 수습할 수 없는 장면"을 목격했기 때문에 한 발언이 아니었을까? 재향군인 중에는 한반도에서 '불령선인'이라며 조선 현지인을 살해한 경험의 소유자가 포함되어 있었다. 그런 재향군인들을 중심으로 '민중의 경찰' 역할을 담당하기 위해 준비된 조직이 자경단이었다.

지진이 덮쳐 불안과 공포의 혼란 속에서 유언비어가 흘러나왔다. 재향군인에게는 박진감 넘치는 상황이었고, 그들은 의심할 여지없이 유언비어를 믿었다. 저런 일을 저질렀으니 앙갚음해야겠다고 생각했는지도 모른다. 실체도 없는 '불령선인'이나 '빨치산'에 대한 두려움과 증오가 되살아났을지도 모른다. 지진으로 경찰은 기능을 잃었다. 가장 먼저 유언비어가 나돌고 학살이 시작된 요코하마에서는 일곱 곳의 경찰서 중 여섯 곳이 붕괴 소실되었다. 경찰 기능을 보완하기 위해 준비된 것이 자경단이었다. 치안 공백 상태에서 '민중의 경찰'로서의 직무를 다해야 한다는 의식이 작용했을 수도 있다. 그 때문에 어디에 있는지 알 수 없는 적을 찾는 일에 조금도 멈칫거리지 않았다. 살의에 차서 과거 한반도나 대륙에서 자행했던 만행을 일본 내에서 재현했다. 그것이 관동대지진 당시 자경단에 의한 조선인 학살의 기본적인 구도였던 게 아닐까? 그렇게 생각하지 않을 수 없다.

제5장

잊힌 과거

1 개찬된 『일청전사』

왜 기억이 사라졌는가?

동학농민전쟁의 의병 진압, 빨치산과의 전쟁 그리고 관동대지진의 조선인 학살에 이르기까지 크게 희생된 조선인의 역사를 살펴봤다. 조선인을 서슴없이 학살하는 행위는 일본군에 의해 간헐적으로 반복됐다. 그 경험은 고스란히 재향군인들에게 축적됐다. 지진 직후 경찰은 거의 제 역할을 하지 못했고, 재향군인들이 주축이 된 자경단은 '민중의 경찰'이라는 본연의 역할을 다하고자 했다. 그러나 그 역사는 일본인의 기억에서는 완전히 사라져버렸다.

지진 발생 4년 후에 도쿄에서 태어난 요시무라 아키라가 『관동대진재』를 집필한 시점은 지진 재해로부터 반세기가 지난 1973년이었다. 어린 시절 부모에게 들은 체험담, 그 가운데에서도 "인심의 혼란에 전율했다"는 것이 집필 동기였다고 한다. 그런데 그는 혼란의 원인을 '정신이상'으로 결론짓고 있다. 요시무라의 부모 세대라면 학살의 배경이 된 사회적 사정을 몰랐다고는 생각할 수 없다. 왜 일본 사회는 그런 기억을 잃어버렸을까?

전쟁사에서 삭제된 기록

동학농민전쟁의 실태를 계속 추적한 이노우에 가쓰오는 『일청전사 日淸戰史』를 상세하게 검토했다. 이는 육군 참모본부가 편찬한 청일전쟁 의 정사正史이며, 1904년부터 1907년까지 전부 8권이 간행되었다. 동 학군 토벌 작전은 제8권 제43장 「병참」의 제4절 「조선에서의 중로 및 남부 병참」에서 "전라, 충청, 강원, 경상 여러 도에서 동학당 폭동이 다 시 일어났다. ……적들의 이합집산이 평소답지 않게 공연히 동분서주 하다"로 시작해 총 36행에 걸쳐 언급됐다. 동학군이 서울에서 북쪽을 향해 황해도까지 봉기한 내용과 후비 제6연대가 중심이 된 토벌 작전 내용이 비교적 정확하게 기록되어 있었다.

그러나 서울에서 남쪽으로 향한 후비 제19대대에 대해서는 "일거 에 적의 소굴을 전멸시켜 근저를 없애버리기 위해" 파견했다고 설명한 다음, "12월 31일부터 나주를 향해 이동해 1월 초순에 완전히 나주 지방을 평정하고 2월 초순에 귀환 명령을 받았다"고 기록한다. 실제로 는 1월 5일에 나주에 들어갔고, 그로부터 한 달 동안 나주평야와 진 도에서 처참한 소탕 작전을 펼쳤다. 하지만 그 사이에 일어난 격렬한 전투 기록은 빠져 있다. 제8권 말미에는 「일청전력日淸戰曆」이라는 제목 의 청일전쟁 연표가 실려 있다. 여기에는 '1개 중대 이상'의 규모를 기 재했다는 설명이 있는데, 이 자료에는 전투, 정찰, 소전小戰, 패잔병 격 퇴, 식량 수송, 소투小鬪, 점령, 적병 내습 등 330개의 항목이 상세히 기록되어 있다. 그러나 그 가운데 동학군과의 전투는 단 한 개의 항목도 없다. 적도와 폭도의 토벌 및 소탕이 대상에서 모두 제외된 것은 아니었다. 새로운 영토가 된 타이완에서는 "말뚝장 부근의 적도 소탕" "화장장 부근의 잔적 토벌"이 실려 있다.

동학군 토벌 작전에는 대대와 연대 규모로 총 4,000명의 병사가 동원됐다. 동학군에는 수만 명의 사망자가 발생했다. 그러나 연표에는 전혀 실리지 않았다. 청일전쟁의 공식 전쟁사에는 한반도 남부에서 벌어진 동학군과의 전투가 아예 없었던 것처럼 나타난다.

전사한 병사

이노우에는 더욱 놀라운 사실을 찾아냈다. 그는 후비 제19대대에서 단 한 명의 전사자인 스기노 도라키치 상등병에 관한 기록을 찾았다. 이후 《도쿠시마 니치니치신문德島日日新聞》에서도 두 개의 기사를 발견했다. 1895년 1월 6일자 신문에 「군인의 아내」라는 제목의 기사가 게재됐다. 아와군 시카무라의 스기노 도라키치 상등병이 지난해 12월 10일 충청도 연산에서 전사했다고 전하면서 상인이었다는 등 그의 약력과 함께 아내의 비통한 심경을 보도했다. 1월 23일에는 「명예의 전사자」라는 제목의 기사가 게재됐다. 스기노의 상관인 소대장 미즈하라 구마조水原熊三 중위가 가족에게 보낸 편지였는데, 스기노의 아래턱에 총알이 명중되어 즉사했다는 당시 상황을 전한다. 이 내용은 이노우에가 찾아낸 스기노 상등병의 충혼비 비문과도 일치했다.

그런데 전사자 기록인 「야스쿠니 신사 충혼사靖国神社忠魂史」에는 스기노 상등병이 전사한 전투 자체가 보이지 않는다. 이 자료는 육해군성과 야스쿠니 신사가 편찬한 전사자와 전병사자戰病死者를 망라한 명부인데, 기재된 후비 제19대대의 사망자는 모두 전병사자로 취급되어 스기노 도라키치의 이름은 없다.

스기노 도라키치 상등병을 찾으니 '성환 전투'에 그의 이름이 있었다. 전사한 일자는 1894년 7월 29일이라고 기록되어 있었다. 성환 전투는 청나라군과의 첫 지상전이었다. 스기노 상등병이 소집영장을 받은 것은 7월 23일 전후로, 전사한 날로 기록된 29일은 시코쿠 각지에서 소집된 후비병들이 마쓰야마의 연병장에 집결하던 때였다. 그러니까 후비 제19대대는 아직 실체가 없는 단계였다. 그런데 왜 전사라는 가장 엄중한 사실까지 조작했을까? 이에 대해 이노우에는 "동학군과의 전투를 없었던 것으로 간주했으니 전사자가 있으면 앞뒤가 맞지 않는다"고 지적했다.

전쟁은 이렇게 시작되었다

연구가 진전되면서 일본 육군이 편찬한 『일청전사』의 내용 중에서 사실을 개찬改撰한 것은 동학군과의 전투만이 아니었다는 사실이 밝혀졌다. 가장 두드러진 것은 전쟁의 발단이 된 서울의 왕궁인 경복궁을 점거하고 왕을 수중에 넣은 1894년 7월 23일의 경위다. 『일청전사』는 다음과 같이 적었다.

> 인민의 소요를 피하려고 23일 새벽녘에 여러 부대를 서울로 들여보냈다. 진군하여 왕궁 동쪽을 통과하자 왕궁 수비병과 그 부근에 머물던 조선 병사가 갑자기 우리를 향해 사격을 개시했다. 우리 병사 또한 아무쪼록 응사하여 방어했다. 규율이 없는 조선 병사를 쫓아내 경성 밖으로 몰아내지 않는다면 언제 어떤 사변이 일어날지 가늠할 수 없었다. 이에 결국 왕궁으로 들어가 조선 병사의 사격을 무릅쓰고 그들을 북쪽 성 밖으로 쫓아내고 일시적으로 왕궁 주변을 수비하기에 이르렀다.

혼란을 피하려고 새벽녘에 서울로 들어온 일본군이 왕궁 쪽으로 행진하다가 갑자기 조선 측 수비병으로부터 사격을 받았다. 이 때문에 방어를 위해 응전하여 왕궁 안으로 들어가 수비병을 쫓아내고 잠정적으로 왕궁 수비에 나섰다는 것이다. 이어지는 내용은 다음과 같다.

> 야마구치山口 대대장은 부하들의 총포 사용을 제지하고 국왕이 머물러 있는 행재行在로 갔다. 그런데 문 안에 다수의 조선 병사가 모여 소요를 일으켰다. 조선 관리와 교섭하여 그 무장을 해제하여

우리에게 내주도록 하고, 이어 국왕의 알현을 요청했다. 양국 병사의 예측하지 못한 충돌로 국왕의 마음을 어지럽힌 것을 사과하고, 맹세코 옥체를 보호하고 결코 위해를 가하지 않겠다고 말했다. (…) 이날 오후, 오토리 공사는 조선 조정의 요청에 따라 왕궁 수비를 야마구치 소좌가 이끄는 대대에 위촉했다.

일본군의 행동은 신중하고 정중했으며, 왕궁을 수비하게 된 연유는 조선 조정의 의뢰를 받았기 때문이라고 설명했다. 일본군은 『일청전사』를 근거로 청일전쟁은 이렇게 시작되었다고 주장했다.

　　　　　　　　전쟁사 개찬의 진상

남은 전쟁사 초안

그런데 이 전쟁사 초안이 후쿠시마 현립도서관에 소장되어 있다. 후쿠시마현 고리야마시의 한 기업가가 남긴 군사 자료 컬렉션에 포함되어 있던 것으로, 나라여자대학 명예교수 나카쓰카 아키라中塚明가 해독했다. 나카쓰카의 연구에 따르면 초안은 전쟁의 단서를 다음과 같이 설명한다.

인천에 상륙해 대기하던 일본군은 청나라군을 제거할 목적으로 남하하려 했다. 그러자 외무성에서 파견된 모토노 이치로本野一郎 참사관이 7월 20일에 부대를 지휘하던 오시마 요시마사大島義昌 혼성여단장을 찾아왔다. 모토노는 청나라 군사를 철수시키라고 조선 정부에 요구했고, 그 회답 시한을 23일로 설정했다고 오시마에게 설명한 다음, "기한에 이르러 확실한 회답을 얻지 못하면 우선 보병 1개 대대를 서울에 들여보내 위협하고, 만약 우리 뜻이 받아들여지지 않는다면 여단을 보내 왕궁을 포위했으면 한다. 나아가 대원군을 옹위해 입궐시켜 그를 정부 수령으로 삼아 아산에 주둔한 청나라 군사의 격퇴를 우리에게 촉탁시켜야 한다. 따라서 여단의 출발을 잠시 유예했으면 한다"며 작전의 변경을 요청했다. 일본의 요구가 받아들여지지 않을 때는 조선 정권을 교체하려고 하니 왕궁을 포위하고 군사력으로 위협하길 바란다. 이를 위해 청나라군과 싸우기 위해 남하하는 것을 잠시 기다려달라는 요청이었다.

전쟁사 초안에서는 "남하를 연기하는 것이 전략상 불리하지만, 개

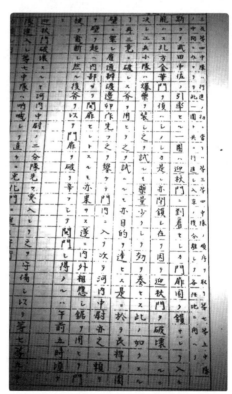

**편집에서 제외된
『일청전사』의 초안.**

서울의 왕궁을 공격하는 장면에서
"영추문을 파괴하기로 결정하고
공병 소대는 폭약을 장치했다"고
꼼꼼한 글씨로 적혀 있다.

전의 명분을 쌓는 것 또한 가벼운 문제가 아니"어서 고민했지만, 친일 정권이 들어서면 이후 서울의 경호와 물자 운반도 편해질 것으로 판단해 수용했다고 밝혔다. 초안은 상세한 작전의 내용도 다음과 같이 기록한다.

준비가 완전히 끝나 여단장은 밤을 지새우며 때를 기다렸는데, 23일 밤 12시 30분에 이르러 공사에게 이른바 '계획대로 실행하라'는 전보가 도착했다. 이에 혼성여단은 조선 왕궁에 대한 위협적인 행동에 나섰다.

이 작전의 핵심 부대는 보병 제21연대 제2대대였다. 그들은 "왕궁에 침입하여 조선 병사를 쫓아내고 국왕을 수호하라"는 명령을 받고 공병 소대와 함께 오전 3시에 출동했다. 당시 정황은 다음과 같다.

일행은 영추문迎秋門에 도착했으나 대문이 굳게 닫혀 들어가지 못했다. 북쪽의 금화문金華門을 통해서도 시도했지만, 이 또한 폐쇄되어 있었다. 이에 영추문을 파괴하기로 결정했다. 공병 소대는 폭약을 장치해 시도했지만, 폭약이 적어 효과를 거두지 못했다. 여러 번 시도했지만 결국 문을 부수지 못했다.

공병이 출동한 것은 왕궁의 문을 파괴하기 위해서였지만 결국 폭파하지 못했다. 이후 상황은 다음과 같다.

도끼를 이용해 이를 시도했으나 또 실패했다. 그래서 긴 지렛대를 벽에 놓고 고용한 통역 와타나베 우사쿠가 먼저 올라가서 문 안으로 들어갔고, 이어서 가와치 중위가 이를 의지해 벽을 넘었다. 내부에서 문을 열려고 했지만, 이 또한 실패했다. 결국 문 안과 밖에서 톱을 이용해 문빗장을 부수고 간신히 문을 열었다. 오전 5시경이었다.

일본 전국시대에 성을 공략하는 광경이다.

영추문을 파괴하자 가와치 중위의 2분대가 먼저 돌진했고, 이어 제7중대와 제5중대가 진입했다. 제7중대는 함성을 지르며 즉시 광화문으로 나아가 지키고 있던 조선 병사를 몰아내어 광화문을 점령하고 안에서 문을 열었다. 1소대는 건춘문建春門으로 나아가 내부에서 문을 열었다. 지키고 있던 조선 병사는 저항하는 자가 한 명도 없이 모두 북쪽으로 도주했다.

문을 강제로 부수고 침입해 왕궁을 점거한 것이다. 그리고 국왕을 찾았다. 제5중대장에게 "국왕은 옹화문雍和門 안에 있다"는 보고가 있었다. 대대장은 왕을 알현하고 다음과 같이 말했다.

> 뜻밖에도 양국의 군병이 교전하여 전하의 심경을 어지럽혀 외신으로서 유감으로 여기는 바이다. 그러나 귀국 병사는 이미 무기를 우리에게 건넸다. 우리 병사가 옥체를 보호하고 결코 위해를 가하지 않을 것이다. 전하가 이를 받아들이면 좋겠다.

왕이 뭐라고 대답했는지는 기록되어 있지 않지만, 선택지가 없었을 것이다. 결과는 다음과 같다.

오토리 공사의 대원군 옹호 입성도. 1894년 하시모토 지카노부의 그림.

옹화문에서 조선 병사의 무기는 물론 문 안을 수색하여 은닉한 무기까지 압수하여 진거문陳居門 밖으로 운반했다. 그동안 제5중대는 옹화문에 집합해 궁궐 주위에 초병을 배치하고 경계에 들어갔다. 오전 9시가 넘어 모든 작전이 끝났다.

일본군은 서울의 조선군 병영 등 군사시설도 점령했다. 국왕을 수중에 넣고 친일 정권을 출범시켜 그 정권에게 청나라군을 쫓아내달라는 의뢰를 받아냈다. 그렇게 전쟁이 시작됐다는 경위를 초안은 모두 기록하고 있다. 왕궁 점거 이후 한 달 뒤인 8월 20일에 맺어진 '한일잠정합동조관韓日暫定合同条款'에는 "올해 7월 23일에 왕궁 근방에서 일어난 양국 병사의 우발적 충돌 사건에 대해서는 양측이 추궁하지 않는다"는 조항이 포함되어 있다. 무엇을 위한 조항이었을까? 초안의 존재를 확인하면 그 실상을 잘 이해할 수 있다.

왜 초안은 파기되었는가?

이 초안이 왜 채택되지 않았을까? 『청일전사』의 편찬 경위를 보여주는 자료도 남아 있다. 전 방위연구소 전쟁사부에서 부원으로 근무한 이가라시 겐이치로五十嵐憲一郎가 육군 참모본부의 회의록을 방위연구소 도서관에서 발견한 것이다. 『일청전사』 간행이 시작되기 1년 전, 1903년 7월 1일에 진행한 부장 회의에서 전쟁사를 담당하는 제4부장 오시마 겐이치大島健一의 주장이 다음과 같이 기록되어 있다. 그는 초안을 다음과 같이 지적한다.

기존의 제1종 초안은 기탄없이 사실의 진상을 직필直筆하여 육군용 병가兵家의 연구 자료로 제공하고, 아울러 군사의 소양이 없고 동양의 지형 사정에 정통하지 않은 자에게 전쟁의 경과를 이해시킬 목적이다.

초안이 사실을 있는 그대로 기록하고 있다는 것이다. 그 평가를 다음과 같이 제시한다.

한성을 에워싸고 한정韓廷을 위협한 전말顚末을 상세히 서술함으로써 불마不磨의 쾌사快事로 삼고자 한다. 아군이 아산의 공로空盧를 향해 정중히 공진攻進한 업적을 기록하고, 암암리에 용병用兵의 난잡함을 서술하여 (…) 출정 장수의 무모함을 은근히 풍자하는 부분도 많다. 그로 인해 후세 사람들이 다소 경계해야 할 점도 없지는 않다. 하지만 내각과 대본영 모두 예지叡旨를 받드는 기관이다. 외교상의 유리한 교섭과 성의聖意를 충족시키지 못하고 처음부터 간과干戈에 호소하게 된다면, 개전 전에 내부의 다른 의견을 서술하는 것은 원수元首와 문무를 통일하는 대권을 의심케 하며 특히 선전宣戰의 조칙詔勅과 모순될 염려가 있다.

하지만 사실을 자세히 서술하기만 하면 되는 게 아니었다. 무엇보다 그대로는 천황이 내린 '선전 조칙'과 모순될 우려가 있다는 것이다. 무엇이 모순된다는 것일까? 조칙은 이렇게 말한다.

짐은 이에 청나라에 대해 전쟁을 선언한다. 짐의 백료百僚와 유사有司는 마땅히 짐의 뜻을 받들어 육상으로 해면海面으로 청나라에 대해 교전의 일에 따르고, 이로써 국가의 목적을 달성함에 노력함이 마땅하다. 만일 국제법에 어긋나지 않는 한, 반드시 각각 권

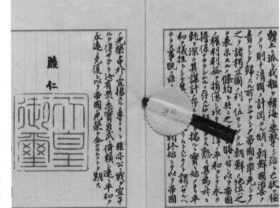

청일전쟁 선전 조칙.

왜 전쟁을 시작하는지 국내외에 설명하는 내용이지만 실태와는 달랐던 것 같다.

능에 응하여 일체의 수단을 다함에 소홀함이 없도록 할 것을 기하라.

국제법을 지키면서 전력을 다하라는 명령이다. 이어 메이지유신 이래 일본은 외국과 평화롭고 우호적인 관계를 맺어왔지만, 청나라는 등을 돌려 신의를 잃게 하는 행동에 나섰다고 비판했다.

청나라는 독립국인 조선을 속국으로 취급하고, 농민 봉기가 일어난 것을 빌미로 조선에 군대를 보냈다. 이에 일본도 공사관의 호위를 위해 군대를 보내 동양의 평화를 호소했지만, 청나라는 응하지 않았다. 일본이 조선의 나쁜 제도를 고쳐 치안을 다지고 독립국으로서의 체제를 갖추어야 한다고 권하자, 조선은 받아들였지만 청나라가 뒤에서 방해했다. 그뿐만이 아니었다. 조선을 자기 것으로 만들려는 욕망에서 육해군을 조선으로 보내 일본군을 공격했으나 궤멸 상태에 이르렀다고 경위를 설명한다. 더욱이 '선전 조칙'에는, 청나라의 의도가 속임수로 조선의 지위를 매몰시켜 일본의 권리와 이권을 훼손하고 동양의 평화를 위태롭게 하는 데 있음은 의심할 여지가 없다고 지적한다. 그리고 다음과 같이 이어나갔다.

일은 이미 이에 이르렀다. 짐은 시종일관 평화와 제국의 광영光榮을 중외中外에 선양하는 데 전념했지만, 공개적으로 전쟁을 선포

하지 않을 수 없다. 너희 국민의 충실과 용무勇武에 기대어 속히 평화를 영원히 극복하여 제국의 광영을 온전히 이루기를 바란다.

나쁜 청나라 때문에 어쩔 수 없이 동양의 평화를 위해 전쟁에 호소하기로 했다고 강조하는 내용으로, 초안에서 드러난 사실과는 확실히 맞지 않는다. 그렇다면 어떻게 기술할 것인가? 오시마 제4부장은 편찬의 기본자세를 다음과 같이 제시했다고 기록한다.

개찬 전사에서는 우리 정부가 시종일관 평화를 중시했지만, 청정淸廷은 우리나라의 이권을 돌보지 않고 설령 전쟁으로 피를 흘려서라도 굳이 그 비망非望을 이루고자 했다. 그들은 먼저 우리에게 항적抗敵 행위를 드러냈고, 우리가 마침내 이에 응하지 않을 수 없게 만들었다. 이를 발단으로 성과를 올리려는 행동에 나섰는데 이에 대해서는 생략한다.

일본은 시종일관 평화를 추구했으나 청나라가 무력에 호소해 야망을 이루려 했기 때문에 어쩔 수 없이 전쟁을 감행한 것이 전쟁 원인이라고 기술하며, 이후 제대로 이루어지지 않은 작전에 대해서는 생략하겠다는 것이다. 개찬이라는 문자가 눈길을 끈다.

편찬에 참여한 두 명의 부장

병력, 장비, 군량미 등은 전쟁이 시작된 이후에도 조달할 수 있지만, 전쟁을 시작하기 전에 반드시 준비해두어야 할 것이 있다. 대의명분이다. 조칙에 기록된 것은 바로 전쟁의 명분이었다. 그런데 실제로 일본은 억지로 생트집을 잡아 개전의 빌미를 만들어냈다. 조칙에 맞추려면, 전쟁에 이르게 된 경위나 실체를 숨기고 개찬할 수밖에 없었다. 애초에 사실대로 쓰기를 꺼렸을지도 모른다. 가슴을 펴고 당당히 역사를 후세에 전하려는 생각은 하지 않았을 것이다. 어쨌든 그것이 정사로 남겨져 일본의 역사를 말할 때 원전이 되어왔다. '영광스러운 메이지의 정당한 전쟁'이라는 이미지를 확장하는 데 힘이 되어왔다.

초안을 정리한 것은 도조 히데노리東条英教였다. 태평양전쟁 시 총리가 된 육군 대장 도조 히데키東条英機의 부친이다. 청일전쟁을 지휘한 참모차장 가와카미 소로쿠의 측근 중 한 명으로 청일전쟁 당시에는 대본영 참모였다. 전쟁이 끝난 다음 해인 1896년에 참모본부 편찬 부장이 되었고, 1899년부터 1901년까지는 전쟁사를 다루는 제4부장 직에 있었다. 그 초안을 파기하고 개찬된 전쟁사를 남긴 오시마 겐이치는 나치 지배하의 독일 주재 대사로 일본 정치에 큰 영향을 미친 육군 중장 오시마 히로시大島浩의 부친이다. 그는 1902년부터 6년간 제4부장 자리를 차지했다.

도조는 이와테 출신이고 오시마는 기후 출신으로, 두 사람은 당시 육군을 지배하던 번벌藩閥*과는 무관한 출신이었다. 둘 다 수재로 알려져 독일 유학을 경험했다. 하지만 도조는 그 후 52세에 예비역으로 편입되었다. 중장 계급까지 승진했지만 퇴역하면서 명예 진급한 것이었고, 마지막으로 맡은 것은 소장 계급의 여단장 자리였다. 가와카미 소로쿠가 1899년에 병사해 비호자를 잃어 그 영향을 받았다고 한다. 가와카미는 사쓰마 출신이었으나 번벌에 구애받지 않고 인물을 등용했다. 반면, 오시마는 참모차장과 육군차관으로 계속 영전하여 육군대신까지 올랐다. 제4부장이 되기 전에 조슈벌長州閥의 영수이자, 원수 야마가타 아리토모山縣有朋의 부관을 지냈으며, 조슈벌에 준하는 일원으로 인정받았기 때문이라고 한다. 가와카미의 죽음으로 세력을 넓힌 것이 조슈벌이었다. 오시마에 의한 전쟁사의 개찬은 그런 육군 중추부의 의향을 헤아려 반영한 것으로 판단된다.

도조와 오시마는 퇴역 후의 인생도 대조적이었다. 오시마는 귀족원 의원과 추밀원 고문관 등의 요직을 역임하면서 88세의 천수를 누렸다. 한편 도조는 전쟁사 연구를 계속하면서 58세에 사망했다. 군제사軍制史 연구가 마쓰시타 요시오松下芳男는 『일본군벌의 흥망日本軍閥の興亡』에서 도조를 "그의 전쟁사에 관한 깊은 조예는 조직 내에서 거의

---

* 메이지 시대에 일본제국 정부와 제국 육군·해군의 각 요직을 장악한 정치 세력을 가리킨다.

비견할 자 없었다. 또 육군의 군사 시설이나 장비에 관해 논할 때면 상대 논객을 종종 탄복시켰다"고 평가했다. 오시마에 대해서는 "국가 기관이나 관리들과의 처세술이 능통하여 자주 조슈벌의 이사頤使를 달게 받았기 때문에 육군대신 자리에 앉았다"고 말한다. '이사'란 턱으로 지시하며 사람을 마음대로 부린다는 뜻이다.

써서는 안 되는 가이드라인

나카쓰카 아키라는 후쿠시마 현립도서관의 컬렉션 속에서 「러일전사 편찬 강령日露戰史編纂綱領」이라는 육군의 내부 문서도 찾아냈다. 오시마가 전쟁사 담당 부장으로 있을 당시의 자료다. 거기에는 '써서는 안 되는 15개 조'라는 가이드라인이 제시됐다.

서두에는 "동원 또는 새로운 편성, 완결 날짜의 명기를 피해야 한다"고 되어 있다. 전투 준비에 필요한 날짜를 알려주는 것이기 때문이라는 설명이다. 6번에는 "아군의 전진 또는 추격이 신속하지 않고 충분하지 않을 경우, 그 이유는 가능한 한 생략하고 꼭 필요한 것만 막연하게 기술할 필요가 있다"고 되어 있다. 일본군의 결점을 폭로할 우려가 있기 때문이라고 이유를 밝힌 뒤, 설령 사실이라 하더라도 일본군의 전투력 소모 또는 탄약 부족 등은 결코 밝혀서는 안 된다고 한다. 이어 11번으로 "국제법 위반 또는 외교에 영향을 미칠 우려가 있는 기사는 기술해서는 안 된다"고 밝힌다. 이에 대해 "포로나 현지인 학대 또는 중립 침해로 오인될 수 있는 것, 또는 당국자가 부인하는 마적馬賊의 활용에 관한 기사처럼 왕왕 물의를 일으키기 쉬워 국교에 누를 미치거나 아군의 가치를 감소시킬 우려가 있기 때문이다"고 설명한다. 청일전쟁의 전쟁사 편찬을 통해 실천된 수법일 것이다. 이 가이드라인은 이후에도 육군 내에서 답습되었을 것이다.

후쿠시마 현립도서관 조사

도조 히데키의 부친인 도조 히데노리는 동학 농민을 어떻게 묘사했을까? 이를 확인하기 위해 청일전쟁의 전쟁사 초안을 보려고 후쿠시마 현립도서관에 갔다. 실물은 열람할 수 없어 20여 년 전에 만들어진 CD로 열람했다. CD에는 「제4장」 또는 「제6장」 등 파일명만 있을 뿐, 무엇이 들어 있는지는 열어보지 않으면 알 수 없었다. 묵묵히 파일을 여는 작업을 반복했다. 그 결과로 CD에는 총 42권의 책자가 있으며, 그 가운데 39권은 오시마 겐이치가 부장이 되면서 만든 원고라는 것을 알 수 있었다. 도조가 부장으로 재직한 당시의 것은 3권이었고, 그 가운데 1권은 도표 등을 담은 부록이었다. 도조가 담당한 2권의 초안에 담겨 있던 것은 16개 장 분량의 원고였지만, 그중 동학군에 대한 기술은 찾아볼 수 없었다.

오시마 부장이 간행한 『일청전사』는 전 8권으로 50장 구성이었다. 반면 도조가 구상한 전쟁사는 122장이었음을 확인할 수 있었다. 절반 이상은 버려진 것이다. 전시기에 도조 히데키가 총리까지 오르게된 계기는 육군 내 파벌인 통제파統制派의 대표적인 존재가 되었기 때문이다. 통제파는 조슈벌에 의한 육군의 지배를 타파하고자 중견 장교들이 모인 조직이었다. 처음부터 그 일원이던 도조가 이 조직에 참여하게 된 계기는 유능하면서도 번벌로 인해 등용되지 못했던 부친에 대한 억울한 생각이 작용했다고 전해진다. 채택되지 않고 버려진 전쟁사는 억울했던 그 나름의 부분을 차지하고 있었을 것이다. 단정한 글씨로 된 초안을 바라보며 그런 일화가 생각났다. 오시마가 부장이 된 이후의 초안 표지에는 "새로운 전쟁사 부원 이외의 열람을 금한다"고 적혀 있었다. 부장인 도조뿐 아니라 전쟁사 편찬에 임했던 부원들이 모두 경질된 사연과 관계가 있었을 것이다.

『조선폭도토벌지』

의병 투쟁은 일본인의 시야에서 벗어난 역사일 것이다. 당시 한반도에서 무슨 일이 있었는지 아는 일본인은 얼마나 될까?

러일전쟁이 종결된 1905년에 체결된 제2차 한일협약에 따라 일본은 한국을 보호국으로 삼아 한국의 외교는 일본이 도쿄에서 맡게 됐다. 그래서 일본은 각국에 서울에 있는 공사관을 폐쇄하라고 요청했다. 그 결과, 서울에 체류하는 외교관이 적어지면서 한반도에서의 일본의 행동에 대한 외국의 눈길이 닿지 않게 되었다. 의병의 움직임이

조선의 의병. 1907년 매켄지 촬영.

활발해진 것이 바로 그 시기였다. 『조선의 비극』에서 매켄지가 의병을
본 서구인은 없다고 기술한 것도 이 때문일 것이다.

『조선폭도토벌지』는 조선주차군이 한국병합 후인 1913년에 간행한
의병 토벌 기록이다. 이를 읽으면 당시 일본군이 어떤 시선으로 조선
인을 바라보았는지를 알 수 있다. 여기에는 당시 조선 사회를 이렇게
적고 있다.

옛 조선의 계급 제도는 근소하게 하급 인민과 일부 선비를 제외
하고 그 심정과 결과에서 거의 도적 떼가 될 수밖에 없다. 전 국토
가 반란자로 넘쳐난다고 해도 결코 지나친 말이 아니다. 조선 전역

에 걸쳐 일찍이 분규와 소란이 벌어지고 있다. 게다가 그 목소리가 비교적 큰 이유는 단지 악취자 자신은 그 냄새를 알지 못하는 데 기인할 뿐이다.

해산된 군인들이 유입되면서 의병 운동이 활발해진 경위를 이렇게 설명한다.

애초부터 조선의 병영은 부랑 무뢰배의 수용소와도 같았다. 군대 해산으로 이들 병정을 풀어 고향에 흩뿌린 결과, 위험한 사상이 지방에 전파되기에 이르렀다. 일정한 생업이 없어 마음의 여유가 없는 그들 중 상당수는 정당한 직업에 종사하지 않았다. 군대 해산 당시 관급官給으로 받은 약간의 은사금을 금세 술과 음식으로 탕진하자, 결국 귀향할 곳이 없어 우연히 비도의 무리에 투신하는 흐름이 조장되었다.

압도적인 무력의 일본군에 대항해 의병은 산중에 칩거하며 게릴라전을 벌였다. 의병을 찾아내는 데 어려움을 겪은 일본군은 헌병보조원 제도를 마련하고 현지인을 채용해 의병과의 전투에 앞장세웠다. 의병의 모습이 눈에 띄지 않는 것은 오늘날의 일본인만이 아니었다.

전투는 좀처럼 결판이 나지 않았다. 그 배경을 언급하는 기록도 있

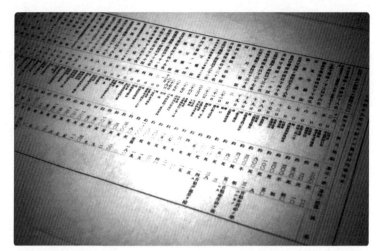

일본 육군이 의병과의 전쟁을 정리한 『조선폭도토벌지』 중 「강원도와 그 부근의 폭도토벌 개황표」. 1908년 11월과 12월에 일어난 48번의 전투가 기록되어 있으며 의병 사망자를 계산하면 1,032명이다. 그밖에 사상자가 180명이라고 기록된 전투도 있다. 한 지방에서 이 정도 규모의 전투가 전개됐다.

다. 명성이 매우 높던 의병 지도자 이은찬의 행동을 조사한 결과에 따르면, "항상 정의를 표방하며 교묘하게 민심을 수렴한다. 양식과 군자금과 같은 것도 직접 세민細民에게 요구하지 않고, 각 면장이나 동장 등에게 통고해 징수한다. 구입품에 대한 대금 지급도 전혀 그 기일을 게을리하지 않는다"고 했다. 그래서 "완고한 현지인은 그들을 지지하며 토벌대에게 그들의 행동을 감출 뿐 아니라, 보초가 되어 폭도의 소재지 주위를 경계하거나, 밀정이 되어 관헌의 행동을 통고하는 등 음지에서 많은 편의를 제공하기도 한다"고 기술했다. 일본의 입장에서 보면 '폭도'였지만 의병은 조선 민중의 지지를 얻고 있었다.

이 시기 한일 간의 역사 인식의 격차를 잘 보여주는 것은 이토 히로부미의 죽음이다. 조선 통감이라는 직책을 그만둔 지 얼마 되지 않은 이토는 1909년에 하얼빈에서 안중근에게 저격당해 사망한다. 일본에서는 독립운동가 또는 테러리스트 안중근에게 이토는 암살당했다고 표현하는 것이 일반적이다. 반면에 한국의 시각에서 안중근은 의병의 일원이자 만주 하얼빈에서 과감히 전투를 벌여 적의 수괴 이토를 쓰러뜨리고 순국한 뛰어난 전과를 올린 전사다. 죽인 자와 죽은 자라는 입장 차이에 그치지 않는 역사 인식의 큰 틈이 존재한다. 과연 이를 알고 있는 일본인은 얼마나 될까?

『조선폭도토벌지』에는 1911년까지의 전투가 기록되어 있는데, 마지막 장은 「조선 국경 밖의 배일선인 일반의 동정朝鮮国境外排日鮮人一般の動静」이라는 제목을 붙였다. 1910년, 한국병합으로 활동 영역이 좁아진 의병은 국경을 넘어 대륙으로 향했다. 이에 대해 『조선폭도토벌지』는 "조선인이 국경 밖으로 이주하는 범위는 매우 넓다. 접경 러시아와 청나라 영내로의 이동이 대다수를 차지하며, 약 30만의 인구에 달한다"고 기록한다. 대다수는 배일사상과 무관하고 생활이 어려운 이주자라고 강조하면서 "직접 행정권이 미치지 못하는 것을 기화奇貨로 삼아 공공연한 결사 단체를 조직하고, 언론 문필을 통해 무지한 일반 인민을 선동하고 있다. 의연금을 모집해 총기와 탄약을 구입하거나, 배움 터와 교회당을 건축하고 있다. 교육, 권업勸業, 무예를 연습하며 때로는 폭동과 암살을 도모하거나, 격렬하게 언론에 공개해 여론의 동정을 불러일으키는 일을 일삼고 있다"고 말했다.

일본군의 힘이 미치지 못하는 국경 밖에서 의병은 발판을 마련하고 활동을 계속했다. 때로는 국경을 넘어 일본의 군과 시설 등을 공격하고는 안전한 거점으로 돌아갔다. 그들을 토벌하지 않으면 조선의 안전을 보장할 수 없다며, 일본군의 눈은 간도 출병을 비롯해 대륙으로 향했고, 이는 만주사변의 복선이 되었다.

이 시기의 조선 내 정세를 『조선폭도토벌지』는 "음지에 몰래 숨어서 배일의 의지와 사상을 품은 자가 적지 않다"고 기술한다. 조선 총독으로 육군 대장을 기용하는, 무단정치로 불리는 지배 체제가 취해진 것도 '일본의 지배를 따르지 않는 자, 즉 불령'한 조선인이 많다는 인식에 바탕을 둔 것이다. 여기서도 일본인이 당사자이면서 일본인의 눈길이 닿지 않는 역사를 발견할 수 있다.

제6장

3·1운동

1 새로 발견된 자료

    2019년 2월 27일, 나는 도쿄의 기타노마루 공원 내의 국립공문서 관에서 오전부터 자료를 조사했다. 저녁 무렵에는 1919년 당시 내각 서기관실의 문서철을 검색해보았다. 조선에서 전개된 3·1운동 100주 년이 이틀 앞으로 다가와 궁금했기 때문이다. 그 가운데 하나의 자료 가 눈에 띄었다. 표제는 「조선소요사건에 대한 선인 언설에 관한 건朝 鮮騷擾事件ニ対スル鮮人ノ言説ニ関スル件」이었다. 3·1운동 관련 문서임을 직감했다. 3·1운동은 일제강점기 때 독립을 기원하며 조선 전역에 퍼 진 민중운동인데, 이때 조선총독부는 군을 동원하여 강력히 진압한 탓에 많은 조선인 희생자가 발생했다. 어느덧 국립공문서관은 폐관이 임박했다. 나는 문서의 표제와 관리 번호만 노트에 적어놓고 열람실을 빠져나왔다.

    한국에서는 3월 1일에 100주년 기념식이 성대하게 거행됐다. 그동 안 나는 문서철에서 「조선소요사건에 대한 선인 언설에 관한 건」을 다 시 찾았다. 내각 서기관실은 오늘날 내각관방의 전신이다. 정권 중추 부의 기록이니 어디선가 소개된 줄 알았는데, 3·1운동에 관한 내용은 간행된 자료집에서는 찾아볼 수 없었다. 이를 인용한 서적이나 논문도 찾을 수 없었다. 인터넷 검색이 가능한 국회도서관이나 아시아역사 자료센터에도 해당 자료는 없었다.

하라 다카시 총리에게 보낸 보고서

국립공문서관을 다시 찾아 자료를 살펴본 것은 3월 5일이었다. '외무성'이라고 인쇄된 일본 괘선지에 붓으로 쓴 문서였다. 서두에는 다음과 같이 기록되어 있다.

> 1919년 5월 5일
> 외무대신 자작 우치다 고사이內田康哉 (인)
> 내각총리대신 하라 다카시原敬 귀하
> 조선소요사건에 대한 선인 언설에 관한 건
> 본 건에 관해 별지 복사와 같이 안둥安東 주재 모리森 영사에게 보고함에 따라 참고하시기 바랍니다. 삼가 아룁니다.

괘선 테두리 밖에는 결재 공람 스탬프가 있고 각 담당자가 확인했음을 뜻하는 도장이 줄지어 찍혀 있었다. '내각총리대신'의 스탬프 안에는 서명이 있었는데, 인터넷 검색을 해보니 하라 다카시의 것과 일치했다. '안둥'은 북한과 중국의 국경을 흐르는 압록강 북쪽의 중국측, 오늘날의 랴오닝성 단둥이다. 그곳의 모리 야스사부로森安三郎 영사가 우치다 고사이 외무대신에게 보낸 보고서를 그가 다시 하라 총리에게 전송한 문서였다. 외무대신이 총리에게 전하는 내용이 2페이지, 영사가 외무대신에게 전하는 보고서가 7페이지로 모두 9페이지다. 하지만 필사본이어서 쉽게 판독할 수가 없었다. 전문가의 도움을 받아야겠다는 생각이 들어 요코하마시 역사박물관 부관장인 이노우에 오사무井上攻에게 부탁했다. 그는 "이 시기의 문서는 읽기 어렵죠"라며 흔쾌히 맡아줬다.

100주년에 맞춰 한국 정부 기관인 국사편찬위원회가 3·1운동 데이터베이스를 만들어 공개하기 시작했다. 3년에 걸쳐 국내외 자료를 모은 학술 연구의 성과라고 한국 신문이 보도하는 것을 일본어판으로 보았다. 「조선소요사건에 대한 선인 언설에 관한 건」을 이 데이터베이스에서 검색해줄 수 있는지 친분이 있던 한국 역사연구자에게 부탁했다. 며칠 만에 "아무리 찾아도 없네요. 지금까지 알려지지 않은 자료 아닌가요?"라는 답장이 왔다. 아무래도 새로이 발견된 자료라 생각해도 좋을 것 같다.

안동 영사의 보고서

그러는 사이에 이노우에의 작업이 마무리되었다. 그는 나로서는 전혀 알 수 없던 글자들도 모두 판독해냈다. 영사가 외무대신에게 한 보고 내용은 다음과 같다.

평안북도 의주 비현면 장생동 출신으로 현재 장춘 신시가지에서 상업을 영위하는 전 총독부 경시 훈6등 이선협은 장사를 위해 지난달 25일 현지에 도착했다. 현재 선인이 운영하는 여관에 숙박 중인데, 이 사람은 이번 조선소요사건의 대요를 다음과 같이 말했다. 그 취지는 다음과 같다.

조선총독부 경찰 간부로 근무한 적이 있는 조선인이 3월 25일 안둥에 와서 3·1운동이 왜 일어났는지의 배경을 이야기했다는 것이다. 이어 그가 말한 내용이 조목조목 적혀 있었다. 아래에 현대어로 요약하여 소개한다. 이노우에가 읽어낸 원문은 권말에 게재했다. 관심 있으신 분들은 참조하면 좋겠다.

하나, 만주에 사는 조선인들은 일본인과 구별 없이 일본 관헌에 자상히 보호 및 지도를 받고 있어 만족스럽게 일하고 있다.

하나, 조선에서는 공무 현장에서도 일본인 서기가 자신의 상사인 조선인 군수를 '자네' 혹은 '너'라고 부르는 경우가 적지 않다. 관리 복무규율이 전혀 지켜지지 않고 있다. 그래서 조선인 관리들은 항상 악감정을 품고 있다. 표면상으로는 일본인 관리의 명령에 따라 일하고 있지만, 마음속에 배일사상을 갖지 않은 자가 거의 없는 실정이다. 조선총독부는 이 점에 대해 일대 개혁을 할 필요가 있다.

하나, 귀족으로 대우한 72명만 우대하면 다른 조선인들은 어떤 식으로 괴롭혀도 상관이 없다고 조선총독부는 생각하고 있는 것 같다. 참으로 난처한 일이다. 한국병합 이후 10년이 지난 오늘날, 전국에서 일제히 배일 소동이 발생한 것은 조선총독부의 정치가 얼마나 고압적이었는지를 말해준다.

하나, 그동안 일본에서 유학한 조선인 학생을 관리로 채용한 경우가 적었을 뿐 아니라 유학생이 조선으로 돌아온 뒤에는 경찰이 늘 미행하며 행동을 감시한다. 이러니 일본이 미움을 받는 게 당연하고, 해외로 이주하는 조선인이 많아지고 있다. 일본은 조선인들이 고등교육을 받는 것을 좋아하지 않고 관리로 채용하지도 않았는데, 그것이 이번 3·1운동의 원인 중 하나다. 조선인 지식층이 동경할 수 있는 정책을 고민해야 한다.

하나, 조선인 하급 관리에게도 일본인과 동일한 월급을 주면 생활에 여유가 생기고 사용 인원을 줄일 수도 있을 것이다. 조선인은 일찍 결혼하는 경우가 많아서 헌병 보조원이나 순경보 같은 직종의 사람도 네다섯 명의 가족을 부양하는 경우가 많다. 하지만 이들의 월급이 한 달에 불과 12원에 불과하니 물가가 치솟고 있는 오늘날 생활하기 어려울 것이 분명하다. 생활난 때문에 상인에게 외상으로 물건을 사고 5~6개월씩 갚지 못하는 경우도 있다. 지급을 재촉당하면 위생법 검사라며 직권을 남용해 상인들을 괴롭히거나, 또 조선어를 모르는 일본인 순경이나 헌병에게 제멋대로 통역하거나 폭력을 행사한다. 이에 대한 비난의 화살은 일본인 관리에게 향하는 경우가 많다. 의붓자식처럼 취급하는 현재의 처우는 이번에 근본적으로 개선할 필요가 있다. 그렇게 하지 않으면 불만은 점점 더 만연하고 더욱 큰 사건을 일으킬 수 있다.

대부분의 내용은 조선총독부 정치가 잘못되었다는 지적이지만 조선인의 생각을 솔직하게 밝힌 것으로 기밀 정보라고 보기는 어렵다. 그런데 이런 보고가 왜 총리에게 전달되었을까?

독립 만세의 외침

위의 자료가 갖는 의미를 생각하기 위해 먼저 3·1운동의 흐름을 살펴보자. 1918년에 끝난 제1차 세계대전의 전후 처리에서 미국의 윌슨 대통령이 제창한 '민족자결'의 영향을 받아, 파리에서 열리는 강화회의에 조선의 호소를 전달하려는 움직임이 천도교 내부에서 일어났다. 천도교는 청일전쟁 때 일본군에 의해 섬멸된 동학의 계보를 잇는 조선의 독자적인 종교다. 그런 움직임은 이후 조선 내의 기독교와 불교로도 퍼져나갔다.

그런 가운데 1919년 1월에 황제 고종이 급사했다. 고종 황제는 일본의 지배에 저항하다가 헤이그밀사사건으로 일본의 분노를 사서 퇴위

의 위기에 몰려 있었다. 일본에 의해 독살되었다는 소문도 돌았다. 장
례식은 3월 3일에 서울에서 치러질 예정이었다. 장례식에 전국에서 많
은 사람이 모이게 될 테니, 그 기회에 발표하기 위해 '독립선언문'이 작
성되었고, '민족대표'로 33명이 서명했다. 그러나 장례식 당일에는 일
본의 감시를 받을 것이라 우려하여, 이들은 3월 1일에 서울 시내의 고
급 음식점에 모여 독립선언문을 읽고 건배하며 '독립 만세'를 불렀다.
이어 그들은 총독부에 전화로 연락해 이 사실을 알렸고, 그들은 전원
이 체포되었다.

한편 서울 시내 파고다 공원에는 많은 민중이 모여 '민족대표'를
기다렸지만 나타나지 않자 학생들이 모여 선언문을 낭독했다. 그들은
'독립 만세'를 외치며 시위로 이어나갔다. 이 운동은 당초 조선 북부
가 중심이었으나, 3월 중순경에는 남부로 확산됐고, 4월이 되자 한반
도 전역으로 확대됐다.

2 하라 다카시 총리와 조선총독부의 대응

무책의 상태

그러면 이 자료에서 일본 측의 사정을 읽어낼 수 있는 것은 무엇일까. 우선 주목하고 싶은 것은 날짜다. 3·1운동이 시작된 지 3주 이상 지난 3월 25일에 찾아온 전직 경시의 이야기를 안동 영사가 외무대신에게 보낸 것이 4월 4일이다. 이날 도쿄에서는 육군 6개 대대의 파견을 내각 회의에서 결정했다. 운동이 확대되면서 현지 조선군 병력만으로는 수습이 안 되었기 때문이다. 동학군 토벌에 1개 대대가 파견된 것을 감안하면 3·1운동의 규모를 짐작할 수 있다.

보고서 끝에 영사는 "이는 한 개인의 담화이지만, 일단 긍경肯綮한 관찰이라 생각되어 향후 참고를 위해 보낸다"고 말했다. 긍경이란 '사물의 급소'라는 뜻이다. 그는 이 정보가 중요하다고 판단되어 전달한 것이다. 일본 측은 조선인이 왜 이런 움직임을 보이는지 이해하지 못했음을 확인할 수 있다. 하라 다카시는 4월 4일자 일기에 다음과 같이 기록했다.

이번 사건 진압에 대해 총독의 의견을 물었지만, 총독의 답변에는 특별한 의견이 없이 그저 증병과 헌병 증파를 바란다는 정도였다. 아무래도 무책인 듯한데, 본 건에 대한 정부의 대처는 단호해야 한다.

조선 총독에게 의견을 구했으나 뾰족한 답변은 없고 병력을 증강해 달라는 것뿐이었다. '무책'이라는 반응에서 하라 총리의 초조함이 전해지는 듯하다. 조선총독부는 그 사태를 어떻게 보았을까? 그 사태에 대한 인식을 전하는 기록이 남아 있다. 조선총독부가 남긴 『조선 소요 경과 개요朝鮮騷擾経過概要』는 진압 경위를 정리한 보고서다. 소요의 원인을 다음과 같이 말한다.

미국 대통령이 민족자결주의를 제창하자 이에 관한 여러 종류의 보도가 선인 지식계급과 청년자제青年子弟를 자극하여 배일자나 아닌 자를 불문하고 민족자결 사상에 사로잡히기에 이르렀다. 이에 천도교도와 야소교도가 주창하여 최근 세계 민심의 급격한 변화를 틈타 선인의 특성인 득롱망촉得隴望蜀의 성정을 이용하여 옛 조선시대의 비정秕政을 잊고 그들이 평소 품었던 일본의 통치에 대한 불평불만은 물론, 어쩌다 이태왕이 홍거薨去하자 온갖 허구 사항까지 들먹이며 민심을 부추겨 마침내 3월 1일을 기해 독립운동을 일으키기에 이르렀다.

'득롱망촉'이란 만족할 줄을 모르고 계속 욕심을 부린다는 고사성어고, '비정'이란 백성을 괴롭히고 나라를 그르치는 나쁜 정치라는 뜻이다. 3·1운동의 중심이 된 천도교는 "종교로서 인정할 가치가 없다"고 단언하면서 "교주 등 간부들의 정치적인 야심 아래 조직된 단체에

3·1운동의 경위를 정리한
『조선 소요 경과 개요』의
제2장 「소요 기획」의 첫 부분.

"천도교는 종교로서
인정할 가치가 없다. 교주 등
간부들의 정치적인 야심 아래
조직된 단체에 불과하다"고
말한다.

불과하다. 미신이 많은 국민성을 이용해 우부우부愚夫愚婦를 현혹하고 교주 스스로 황당무계한 예언을 전한다(신의 계시라고 말한다). 신앙으로 이어져왔지만 민중 문화가 점차 나아감에 따라 종교로서의 근본적 지위는 위기를 맞고 있고, 뭔가 대책을 찾지 않으면 그 존재가 사라질 위험에 처해 있다"고 설명했다. 거기에 민족자결주의가 제창되었기에 이를 이용한 것이 3·1운동의 발단이고, 천도교만으로는 힘이 부족해 기독교와 불교에 협력을 구한 것이라는 설명이다. 조선인들이 왜 들고 일어났는지를 진지하게 바라보려는 게 결코 아니었다.

하라 다카시 총리를 개탄하게 한 당시의 총독은 하세가와 요시미치였다. 어딘가 낯익은 이름이라고 생각한 사람이 있을지도 모른다. 앞서 '이토 히로부미의 무용전'에 등장한 주차군 사령관으로서, 제2차 한일협약의 억지 담판에 이토 히로부미와 함께 활약했고, 이후 의병 토벌을 지휘한 육군 대장이다. 야마구치현 출신의 조슈벌로, 영전을 거듭하여 최고 권력자 총독이 되어 조선에 돌아왔다. 하세가와뿐 아니라 조선에서 계속 근무하여 출세한 군인과 관료는 드물지 않았다. 의병 때와는 달리 3·1운동의 주역은 무기를 들지 않은 민중이었지만, 병력을 동원하여 진압하는 수법이 이어진 것은 지극히 자연스러운 일이었을 것이다.

'독립 만세'를 외치는 조선인들의 시위 행동은 연쇄적으로 확대되어 한반도 전역으로 퍼져나갔다. 그 이유나 배경을 파악하지 못한 채, 또는 알려고도 하지 않은 채, 군대와 헌병을 증파해서 힘으로 억누르려 한 것은 전혀 이상하지 않은 배경이다. 증파된 부대는 4월 10일부터 13일에 걸쳐 한반도에 상륙했다. 교회에 불을 질러 농성자들을 학살한 제암리학살사건은 그 직후인 4월 15일에 발생했다. 5월 들어 운동은 수그러들었지만, 우치다 외무대신은 5월 5일에 보고서를 하라 총리에게 전송했다. 병합된 조선은 외국이 아니므로 외무성 관할이 아니었다. 안둥의 보고가 총리에게까지 전달된 것은, 이 시점에 이르러서도 조선총독부로부터 만족스러운 정보를 제공받지 못했음을 말해준다. 안둥에서의 정보를 귀중하게 여기는 상태가 여전히 계속됐다. 하라 총리는 이를 훑어보고 서명을 남겼을 것이다.

100주년을 계기로 제공되기 시작한 한국의 3·1운동 데이터베이스는 시위 참가자를 최대 103만 명, 사망자를 약 900명으로 계산하고 있다. 사망자 수는 지금까지 7,600명으로 알려졌기 때문에 역사가 다시 기록되었다. 자료를 꼼꼼히 검증해 사실을 냉정하게 파악하려는 한국 연구자들의 자세가 느껴졌다. 하지만 여전히 많은 수치다. 왜 그토록 많은 희생자가 나왔을까? 100년 동안 묻혀 있던 한 점의 자료를 통해 당시 사정이 드러났다.

채여공문

국립공문서관에서 외무대신 우치다 고사이가 내각총리대신 하라 다카시에게 보낸 보고서를 접했을 당시에는 그 가치를 판단할 수 없었다. 내각 서기관실이라는 정권 핵심이 남긴 문건이다. 연구자 중 누군가가 이미 찾아내 해독하고 소개했을 것이라 생각했다. 그런데 아무리 살펴봐도 선행 연구는 찾아볼 수 없었다. 아무래도 그동안 알려지지 않은 자료인 것 같다. 하지만 반대로 그런 상황이 이상하게 여겨졌다. 그래서 이 문서의 성격을 알아봤다.

패전 이전의 내각 서기관실에는 '공문편찬 예칙公文編纂例則'이라는 규칙이 있었다. 1894년에 제정되었으니 청일전쟁이 시작된 해다. 문서철 자료는 영구 보존하는 '공문류취公文類聚', 보존 기한이 10년인 '공문잡찬公文雜纂' 그리고 보존 기한 1년의 '채여공문採余公文' 세 종류로 분류하도록 규정했다. 내가 찾아낸 문서는 '채여공문' 속에 담겨 있었다. '예칙'에 따르면 관리의 휴가 요청이나 상중喪中, 결근 등의 신고를 정리한 문서철이다. 우치다 외무대신의 문서는 뭔가 잘못되었거나 착오로 거기에 섞여 정리되었고, 게다가 1년 만에 처분되지도 않은 채 보존된 것으로 보인다. 아마 몇 가지 우연이 겹친 산물로 오늘날까지 전해지게 되었을 것이다.

어느 누구도 중요한 서류가 포함되어 있다고 생각하지 않았을 문서철이다. 나 같은 아마추어가 아니면 확인해보려고 하지도 않았을 것이다. '채여공문'은 다른 문서철에 비해 늦게 공개되었다는 것도 알게 되었다. 혹시나 해서 그해의 '공문류취'와 '공문잡찬'도 살펴보았다. 중요한 문서는 당연히 보존했을 거라 판단해 모든 페이지를 넘겨봤지만, 동원한 군대 예산 기록을 제외하면 3·1운동에 관한 문서는 보이지 않았다.

3·1운동은 일본의 조선 통치에서 큰 전환점이었다. 이를 계기로 육군 중심의 강압적인 '무단정치'가 '문화정치'로 전환됐다. 헌병이 일반 경찰을 겸하는 제도를 폐지하면서 집회나 언론의 자유도 일본과 같은 정도로 허용하게 됐다. 그리고 총독에 해군 출신 사이토 마코토斎藤実가 부임했다. 당시 정권에게 3·1운동은 가장 중요한 안건이었고, 총리에게는 수많은 문서와 보고가 도착했을 것이다. 그런데 총리의 집무실인 내각 서기관실의 문서철에는 '채여공문'에 섞여 있던 이 문서 외에는 아무것도 보이지 않는다.

왜 아무것도 없을까? 의도적으로 처분했다고 생각할 수밖에 없다. 사태가 일단락된 단계에서 조직적으로 처분했을 것이다. 그중에서 이 문서만 의도치 않게 남았다. 그렇게밖에 생각되지 않는다. 3·1운동을 둘러싸고 간행된 자료집은 대부분 조선총독부의 기록이나 운동에 참여했다가 징역 등을 선고받은 조선인의 재판기록이다. 가장 중요한 정권 핵심의 정책 결정에 관한 기록은 찾아보기 어렵다.

경미한 문제

하라 다카시의 일기에 따르면, 조선 총독에게 3월 11일에 다음과 같은 지시가 전보로 발송됐다.

이번 사건은 국내외에 매우 경미한 문제로 처리할 필요가 있다. 그러나 실제로는 엄중한 조치를 내려 다시 발생하지 않도록 하라. 다만 외국인은 본 건에 매우 주목하고 있으니 잔혹 가찰苛察의 비평이 초래하지 않도록 충분히 주의했으면 한다.

다시 일어나지 않도록 엄정하게 대응해야 하지만 동시에 외국의 비판을 초래하지 않도록 주의하라는 지시다. 조선에서의 일본군의 행동이 서구 신문에 보도되면서 따가운 시선을 의식한 것이다. 일기에는 하라 다카시가 서구 언론인이나 기독교 관계자들과 자주 만난 사실도 기록되어 있다. 그는 관저에서 이들을 만나 경미한 문제라 설명하고 우려할 필요가 없다고 설득한 것으로 알려졌다.

제1차 세계대전에서 전승국이 된 일본은 열강의 반열에 오르려던 시점이었기에 유럽과 미국이라는 열강의 비판에 민감할 수밖에 없었다. 하지만 3·1운동의 실체는 경미하지 않았고, 이를 숨겨야만 했다. 진압과 동시에 보도관제도 강화됐다. 경미한 사건이라는 설명은 외국을 상대할 때만이 아니었다. 일본 내에서도 마찬가지여서 일본인들은 정부의 그런 설명을 믿었다. 그해 8월에 우치무라 간조内村鑑三는 미국인 친구에게 다음과 같은 편지를 보냈다.

미국인들이 문제 삼고 있는 대부분의 잔학 사건은 하찮은 날조

(그것을 조작한 것이 신문기자인지 선교사인지는 모르겠지만)에 불과하다고 저는 확실히 믿습니다.

러일전쟁에 반대한 것으로 알려진 우치무라는 당시의 가장 개명한 지식인 가운데 한 명이라 할 수 있다. 우치무라조차 그렇게 생각한 것이다. 우치무라만이 아니었다. 아마 일본인 대부분이 정부의 설명을 믿었을 것이다. 그렇게 형성된 일본인의 의식은 이후 얼마나 달라졌을까? 오늘을 살아가는 일본인은 우치무라의 인식에서 얼마나 달라졌을까? 이에 대해 자문하지 않으면 안 될 것이다.

제7장

모호한 자화상

1 없었던 일로 치부된 학살

한반도에서 자행된 잔학한 행태를 감추기 위해 일본 정부와 군이 기록을 처분하거나 정사正史를 날조한 사실이 수도 없이 드러났다. 이로 인해 동학농민전쟁과 의병 운동, 3·1운동 등에서 조선인들의 커다란 희생은 일본인들의 기억에 남지 않고 사라져버렸다. 그런데 관동대지진 당시 일어난 조선인 학살이 일본인의 기억에서 사라진 이유는 무엇일까?

지진 재해의 기록도 중요한 것은 남아 있지 않다. 앞서 소개했지만, 조선총독부가 정리한 「피난민과 지방민의 감상 보고」라는 자료는 내각 서기관실의 '공문잡찬'이라는 문서철에 남아 있던 것이다. 보존 기한이 10년인 문서인데, 이 자료도 어떤 우연인지 착오인지 모르게 뒤섞여 남았다. 지진 재해가 일어난 1923년의 내각 서기관실 문서철도 모두 살펴봤지만, 조선인 학살과 관련된 자료는 따로 찾아볼 수 없었다. 이는 누군가에 의해 조직적으로 처분했다고 볼 수밖에 없다. 하지만 그것만으로는 설명이 안 된다. 지진 재해는 일본 국내에서 일어난 일이다. 학살은 공공연히 자행됐다. 당사자도 목격자도 수없이 많았을 텐데, 그런 일이 없었다는 주장이 힘을 얻어 확산되고 있다. 자신들이

사는 땅에서 일어난 역사인데도 일본 사회에는 애매한 기억으로만 남아 전해진다. 왜 그럴까?

이질적인 작문

이 의문에 대한 단서를 보여준 사람은 요코하마 지진의 역사를 연구하고 있는 고토 아마네였다. 그는 요코하마에서 발견된 아이들의 지진 재해 작문을 700점 이상 읽었는데, 그중 단 한 개의 작품만이 이질적이라고 했다. 조금 길지만 함께 읽어보자. 고등과 1학년 여학생의 작품이다.

내가 "왠지 무척 무덥네?" 하고 묻자, "응" 하고 동생은 고개를 끄덕였다. 나는 페이지를 넘기면서 책을 읽고 있었다. 동생은 무슨 볼일이 있는지 일어나서 걸으려는데 덜컥 집이 흔들리기 시작했다. 나는 방 한가운데로 뛰어나갔다. 동생은 넘어지면서 기둥을 붙잡고 있다가 창문을 열고 "살려주세요, 살려주세요!" 하고 정신없이 소리쳤다. 나는 위험하니까 이쪽으로 오라고 외쳤다. 밖에서는 지붕의 기와가 나뭇잎처럼 후드득 흘러내렸다. 동생이 내 옆으로 기어 왔을 때, 와르르 큰 소리를 내며 집이 무너졌다.

남매는 무너진 집에서 서로 부축해 기어 나왔다.

둘이서 한목소리로, "엄마, 엄마" 불렀다. "엄마는 여기 있으니 지금 나갈게. 먼저 도시에부터 받아" 하고 아래쪽에서 목소리가 들려 흙을 헤집고 아기를 꺼냈다. 내가 아기를 들어 살펴보니 눈과 입이 흙투성이가 되어 있었고, 눈이 먼 것 같았다. "엄마, 빨리 나와. 빨리" 동생이 외쳤다. 엄마는 아무리 기다려도 나오지 않았다. 타는 듯한 하늘을 보자 이시카와와 요시하마 쪽에서 검은 연기가 부글부글 오르고 있었다.

모친은 무너진 계단에 깔려 있었다. 도움을 청하며 소리치자 옆집 아주머니들이 달려와 구해주었다. 하지만 새로운 걱정이 생겼다. 아침에 일하러 나간 아버지가 보이지 않았다.

나는 아기를 업고 우연히 큰길 쪽을 보니 아빠와 닮은 사람이 비틀거리며 이쪽으로 걸어왔다. 자세히 살펴보니 아빠였다. 나는 너무 기뻐서 "엄마, 저기 아빠가 와요"라고 말했다. 엄마는 "그래?" 하면서 내가 손가락으로 가리킨 쪽을 보고 희미하게 웃었다. 동생들은 기뻐하며 아빠에게 달라붙었다.

불이 번지는 것을 보고 가족은 피난을 시작했다. 아빠는 큰 짐수레를 끌었다.

아빠는 맞은편을 보고 "큰일이다, 여기서 우물쭈물하다가 아이들이라도 잃어버리면 안 된다. 자, 모두 오너라" 하며 앞으로 걸어 나갔다. 다리 옆에서 보니 오키나바시는 무너져 내렸고 마쓰카게 바시는 무너지지는 않았지만 도저히 수레가 건널 수 없었다. 수레 위의 이불을 두세 장씩 꺼내 아빠와 엄마, 언니가 메고 먼저 건너갔고, 나중에 내가 동생을 데리고 건넜다.

구루마바시의 길이 좁아지자 많은 사람이 앞을 다퉈 건너가려 해서 어쩔 수 없었다. 아빠는 "모두 아빠 뒤에 붙어라"고 말했다. 다리 안으로 한 걸음이라도 발을 디디면 몸을 움직일 수 없었다. 나는 "어린 아기가 죽을 것 같아요. 밀지 마세요"라고 정신없이 몇 번을 외쳤다. 떠밀리다가 겨우 다리를 건넜다. 정신을 차리고 축 늘어진 아기의 손을 잡자 기분 탓인지 죽은 사람의 손이라도 움켜쥔 듯한 느낌이 들었다. 경찰이 부서진 집의 지붕에 올라가서 "저쪽 산으로 가라, 저쪽 산으로 가라"며 큰 소리로 외쳤다.

내가 "아빠, 다리 위에서부터 엄마와 떨어져버렸어요"라고 말하자, 아빠는 "그래, 나중에 찾을 수 있으니 괜찮을 거야. 빨리 맞은편 산으로 가자"며 서로의 손을 잡고 걷기 시작했다. 나는 뒤에서 매달리듯 "아빠, 도시에의 몸이 왠지 차가워요"라고 말했다. 아빠는 뒤를 돌아보며 아기의 손을 잡고 "그래. 차갑구나" 하고 말한 뒤 성큼성큼 걷기 시작했다.

중학교 1학년 정도의 여학생이 극심한 혼란 속에서 결사적으로 도망쳤다. 어머니와는 떨어지고 등에 업힌 어린 여동생의 몸은 차가워져 움직이지 않았다. 여학생의 불안한 마음이 전해진다.

죽은 줄 알았던 아기가 갑자기 울기 시작했다. 나는 어찌할 바를 몰랐지만, 기쁘기도 했다. 아빠는 "야에코, 엄마를 찾아올 테니, 막내를 잘 돌보고 있어라. 금방 올게"라며 엄마를 찾으러 갔다. 계속해서 아기의 울음이 그치지 않았다.

그곳에 우메오카 숙모가 왔다. 나는 "숙모, 엄마가 없는데 도시에가 울고 있어 너무 힘들어요. 젖을 조금만 주세요"라고 말하자, 숙모는 "그래, 정말 가엽구나" 하며 아기를 내려놓고 젖을 주었다. 나는 안심하고 아기의 얼굴을 바라보았다. 아빠는 안에서 언니를 만나 데려왔다. 숙모에게 감사 인사를 전하고 엄마가 계신 마쓰야마로 서둘러 갔다.

곧 날이 어두워졌다.

"많이 어두워졌네.""응, 하지만 배가 너무 고파.""그래." 동생은 멍하니 있었다. 나와 동생은 식목회사 안에 있는 기울어진 공간에서 점점 어두워지는 하늘을 바라보고 있었다. 나무 그늘에서 유리 가게의 숙모는 "야에코도 동생도 밥은 먹었니?"라고 물었다. "아니요, 아직 못 먹었어요." "그래 빨리 와, 이제 밥이 다 됐으니까 오렴." 나와 동생은 가슴이 두근두근 뛰었다. 숙모를 따라 안으로 들어갔다. 안에는 많은 사람이 왁자지껄 떠들고 있었다. 밥을 생된장에 찍어 먹었다. 정말 말할 수 없이 맛있었다. 어젯밤과 달리 하늘에는 한 조각의 구름도 없고 달은 우리를 밝게 비추고 있었다.

"남자들은 야경夜警 나오세요. 여자들은 그늘진 곳에서 주무세요!"라고 많은 사람이 같은 말을 반복하면서 걸어갔다. 유리 가게 숙모가 커다란 나무집을 가리키며, "야에코 너희들은 이쪽 그늘에서 자렴"이라고 말했다.

밤은 평온하지 않았다.

가까스로 모두 잠들었을 때, 왁자지껄한 목소리가 들려왔다. 맞은편에서 권총 소리가 대여섯 번 정도 들렸다. 후닥닥 사람들이 이쪽으로 달려오는 것 같았다. 한 사람이 우리가 잠자는 곳까지 와서 흙바닥에 털썩 주저앉았다. 잠자던 사람은 대부분 잠에서 깨어버렸기 때문에, 그 사람의 모습을 숨죽이고 바라보았다.

"저 조선 사람입니다. 나쁜 일을 하지 않았어요"라고 말하면서 우리를 향해 몇 번이나 고개를 숙이고 절을 했다. 야경을 서던 사람들이 몰려왔고, 그 조선인을 향해 우두머리로 보이는 사람이 곁에 기대어, "이봐, 너는 아까 있으라던 곳에 있지 않고 왜 이곳으로 온 거지?" "저는 지진이 너무 무서웠어요" "거짓말하지 마. 언제 지진이 있었지?" 등의 말이 오고 갔다. 조선인은 잠자코 있었다.

조선인에 대한 힐난이 계속되었다.

"아까 경찰과 만났을 때는 아무것도 가지고 있지 않다고 했는데, 지금 네가 가지고 있는 것은 뭐야?"라고 물었다. "이건 아까 받은 쌀입니다." "그래? 보여줘." "아니, 안 됩니다." "뭐가 안 돼. 이래도 안 보여줄 거냐?" 그는 허리에 차고 있던 일본도를 쑥 뽑아 조선인의 눈앞에 들이밀었다. 하지만 조선인은 소중한 듯 작은 기름종이에 싼 물건을 내놓으려 하지 않았다. 나는 마음속으로 고작 쌀이라면 빨리 열어 보여주면 될 일이라고 생각했다. 그러나 시간이 흘러도 대답하지 않았기 때문에, 이번에는 많은 사람이 일본도로 그의 얼굴을 찌르거나 권총을 겨누었다. 그래도 선인은 가만히 있었다.

아까 그 사람이 선인을 향해 "이봐, 가만있으면 모르잖아. 뭔지 보여주라니까" 하며 칼을 들어 힘껏 선인의 뺨을 후려쳤다. 그때 달빛이 반짝였다. 온몸의 털이 곤두설 정도로 소름 끼치는 장면이었다. 무슨 일을 당해도 선인은 한마디도 하지 않았다. 조사하던 사람이 선인을 향해 "이봐, 어쩔 수 없으니 경찰서에 가서 이야기하자"고 하면서 여럿이 붙들어 문밖으로 끌고 가버렸다. 그들이 간 뒤에는 마치 물을 뿌린 듯 정적이 흘렀다. 나는 다음 날 아침까지 뜬눈으로 밤을 새웠다.

불온한 날이 밝았다.

동쪽 하늘이 점점 밝아올 무렵 나는 마쓰야마에 가려고 발길을 재촉했다. 고토부키 경찰서 앞을 지나가려는데 문 안에서 흐느끼는 신음 소리가 들려왔다. 나는 공교롭게도 어젯밤 일을 까맣게 잊고 문 안으로 들어갔다. 대여섯 명의 사람이 끙끙거리며 매달려 있었다. 얼굴은 눈도 입도 없이 엉망진창이 되었고, 그저 가슴 주변만 씰룩거리고 있을 뿐이었다.

아무리 조선인이 나쁜 짓을 했다고 하지만, 이게 무슨 일인지 도무지 이해할 수 없었다. 그날 경찰서 마당에 있던 사람들은 지금 어디에 있을까?

이 기록에는 엄청난 혼란 속에서 힘을 모아 이겨내려는 사람들의 모습이 담겨 있다. 언니와 어린 동생이 젖먹이 동생을 안고 부모의 이

웃들과 도우며 음식과 젖까지 나눠 먹으며 극한의 고난을 이겨낸다. 선량하고 갸륵한 일본인의 모습이 전해진다. 한편으로 조선인 박해라는 흉행이 동일한 공간에 존재했음을 있는 그대로 기록하고 있다.

이 작문은 어떤 면에서 이질적일까? 고토 야마네는 "희생된 조선인에게 마음을 기울인 글쓰기는 이 한 점밖에 없었다"고 설명한다. 700점이 넘는 작문 가운데 박해받는 조선인에게 동정을 보인 글은 거의 찾아볼 수 없었다는 것이다. 그뿐만 아니라 그는 유언비어가 근거 없는 것이라고 언급한 글은 한 점도 없다고 했다. 왜 그랬을까? 아이들조차 조선인에 대한 차별감이나 우월감을 갖고 있었는지도 모른다. 조선인은 죽여도 된다는 생각을 아이들도 품고 있었는지 모른다. 하지만 더 큰 요인을 생각해볼 수 있다. 아마도 부모나 선생이 아이들에게 가르치지 않았을 것이다. 가장 중요한 사실을! 유언비어는 거짓말이란 것을, 조선인을 죽인 것은 잘못이었다는 사실을 말이다.

자경단 놀이

지진 발생 2주 후부터 화가 다케히사 유메지竹久夢二는 《미야코신문都新聞》에 「도쿄 재난 화신東京災難画信」이라는 칼럼을 연재했다. 재해 현장을 스케치로 그려 도쿄의 거리와 사람들의 모습을 전한 것인데, 이 칼럼 속에는 아이들의 '자경단 놀이自警団遊び'가 소개되어 있다. 모두 함께 적을 쫓아다니며 죽창으로 찌르는 놀이라는 설명이 담겼다.

여기서 다케히사는 "얘들아, 막대기를 들고 자경단 놀이를 하는 것은 이제 그만두자"라고 호소한다.

도쿄와 요코하마에서는 조선인뿐만 아니라 중국인들도 학살당했다. 중화민국은 사절단을 일본에 파견해 보상과 재발 방지를 요구하며 외교 협상을 벌였다. 그 기록이 타이완에 남아 있다. 도쿄 학살 현장의 인터뷰 기록에는 12세와 13세 어린이의 증언이라며 "중국인이 살해되었다. 죽창과 쇠막대 등으로 죽였다. 이후 수일간 악취가 심했다"고 적혀 있다. 아이들이 그 장면을 똑똑히 본 것이다. 요코하마에서 중국인이 차별당한 사실도 기록되어 있다. 이재민이 모인 공원에서 식량과 음료수 배급이 시작되었지만, 그 대상은 일본인이었을 뿐 중국인

다케히사 유메지의
자경단 놀이 스케치.

에게는 나눠주지 않았다. 중국인 여성이 아이들에게 주고 싶다며 물을 받은 일본인에게 나누어 달라고 부탁했다. 그러자 그 일본인은 들고 있던 물을 땅에 쏟아버리고, 중국인에게는 나누어 주지 않았다고 한다.

또한, 요코하마에서는 아이들 사이에서 '빼앗기 놀이分捕りごっこ'가 유행했다. 약탈을 본뜬 놀이였다고 한다. 어린이는 어른과 사회를 비추는 거울이다. 아이들은 학살이든 약탈이든, 그 행위가 나쁜 것이라는 의식을 갖지 못했을 것이다. 부모도 학교도 지역사회도 '그만하라'고 제지하지 않았다. 악인을 해치우고 보물을 가져갔으니 학살과 약탈은 아이들의 눈에 모모타로桃太郞의 도깨비 퇴치* 같은 것으로 비쳐졌는지도 모른다.

요코하마에서 전해진 작문들은 다케히사의 스케치보다 시간이 꽤 흘러 어느 정도 사회가 안정되고 나서 쓰인 것이다. 날짜가 적혀 있는 것도 있는데, 2학기가 끝났거나 다음 해 봄인 학년 말쯤에 쓰인 것으로 생각된다. 그 시점에 이르러서도 유언비어가 거짓이었음을 언급한 글은 하나도 없었다. 학교에서나 가정에서도 말하지 않고 가르치지 않았다고 생각할 수밖에 없다. 또는 그때까지 말하지 않기로 하는 합의가 사회 분위기로 형성되어 있었는지도 모르겠다.

---

* 복숭아에서 태어났다는 동화의 주인공. 개·원숭이·꿩을 거느리고 옛날 도깨비가 살고 있었다는 오니가시마로 도깨비 사냥을 간다는 내용.

정상참작이 적지 않았다

정부의 임시진재구호사무국臨時震災救護事務局 경비부 사법위원회는 9월 11일에 자경단에 의한 학살이나 박해에 대한 대응 방침을 정했다. 그것은 "정상참작을 해야 할 점이 적지 않다. 소요에 가담한 전원을 검거하지 않고, 현저한 행위를 한 자로 검거 범위를 한정한다"는 것이었다. 정부 방침은 형사처벌 대상을 특히 악질적인 행위를 한 자에 한정하겠다는 것이었다.

그렇다면 '현저한 행위'란 어느 정도를 말하는 걸까? "모든 시와 마을 구석구석까지 폭동을 일으키고, 폭동을 일으킨 민중에 의한 살해가 있었다"고 『요코하마시 지진지橫浜市震災誌』가 기록한 요코하마에서, 조선인을 살해한 행위로 기소된 사람은 단 한 명이었다. 그것도 지진이 일어난 다음 해에 이재민 판잣집 마을에서 배급품 분배를 둘러싼 분쟁이 원인이 되어 분풀이하듯이 지진 직후의 행적을 고발당한 것이었다. 많은 사람이 보는 앞에서 조선인들이 살해됐는데도 정부는 1년 동안 간과하고 묵살했다. 이 경우도 형사책임을 물을 수밖에 없었던 것은 일본인이 공적으로 고발한 사건이기 때문인 듯하다. 판결은 징역 2년에 집행유예가 선고되었다.

앞서 소개한 「가나가와 방면 경비부대 법무부 일지」를 다시 살펴보자. 수사 책임자가 요코하마 시내의 학살 현장을 이틀 연속 방문한 것을 기록한 내용이다. 그러나 학살 현장을 확인하고도 형사책임을 물은 사람은 한 명도 없었다. 법률적으로 학살은 없었던 것이다.

릿쿄대학 명예교수 야마다 쇼지山田昭次는 군마현의 후지오카 사건, 사이타마현의 혼조 사건 등 38개 사건의 지방법원 판결을 조사했다. 학살로 유죄 판결을 받은 290명 중 조선인 학살만으로 죄를 추궁당한 사람은 97명이었고, 그 가운데 81명은 집행유예 판결을 받았다. 실형은 16명이지만 최고가 징역 4년이었다. 반면 일본인 학살에 관여한 91명 중에서는 54명에게 실형이 선고됐다. 실형률은 조선인 학살이 16.5퍼센트인데 반해 일본인 학살은 59.3퍼센트다. 차이는 명백하다. 조선인 학살에서도 어느 정도 중형 판결을 받은 피고인도 있었다. 경찰서에서 보호받고 있던 조선인을 습격하거나 경찰 트럭에 타고 있던 조선인을 학살한 사건 등으로 102명이 유죄판결을 받아, 이 가운데 48명이 실형을 선고받았다. 야마다는 이에 대해 다음과 같이 지적했다.

지방법원 판결이 중시한 것은 경찰권에 대한 반항과 일본인을 조선인으로 오인해 죽이거나 상대방이 일본인인 것을 알고도 죽인 학살이며, 이에 비해 조선인 학살은 경시했다. 관헌은 이런 재판으로 조선인 학살에 대한 국가의 책임을 다한 듯한 모습을 만들었다.

너무 많은 민중이 가해자였다. 지역사회는 누가 가해자인지 잘 알고 있었지만, 그 모든 사람에게 죄를 추궁하면 엄청나게 큰 사건이 되는 것이었다. 잘못된 것이라고 말하지도 못했다. 그러니 유독 악질적인 범죄를 제외하고는 학살은 없던 일로 할 수밖에 없었을 것이다. 정부도 군도 경찰도 그리고 민중도 일본 사회가 하나가 되어 은폐하고 잊어버리려 했을 것이다. 이미 일어난 일은 어쩔 수 없다며, 책임을 묻지 않고 반성도 없이 애매하게 방치하면서 흐지부지하다가 그냥 잊히기를 기다린 것이 아닐까?

　생각해보면 이런 태도는 오늘날의 일본 정치에서도 자주 볼 수 있는 수법이다. 전형적인 일본의 대처 방법인지도 모르겠지만, 난감한 일이 벌어졌을 때 눈을 감고 일어난 사실을 없던 일처럼 방치하는 것이다.

2 　　　　　'갑자기 탄생한' 자경단

자경단 탄생을 둘러싼 수수께끼

이해할 수 없는 이상한 일은 또 있다. 요시무라 아키라는『관동대진재』에서 "그 이상심리로 각 마을에서 조선인 내습에 대비하기 위해 자경단이라는 조직이 자연적으로 생겨났다"고 말한다. 하지만 자경단의 준비는 히구치 유이치의 연구를 통해 대지진 이전부터 진행되고 있었음이 밝혀졌다.

『가나가와현사神奈川県史』에는 가나가와현 가마쿠라군의 마을들이 어떻게 지진에 대응했는지를 조사한 기록이 실려 있다. 이 자료 속에 '자경단 조직은 어떤 것인가自警団の組織如何'라는 질문에 대한 답변이 게재되어 있다. 나카가와촌 촌장은 "각 부락에서 지진 이전부터 조직되어 있었는데, 지진 후에는 이 조직을 통해 밤낮으로 경비에 주력하고 있다"고 말했고, 나카와다촌 촌장은 "각 부락별로 지진 이전부터 조직되어 지진 후에는 야경뿐 아니라 다른 일에도 노력하고 있다"고 답했다. 두 답변 모두 9월 17일자 기록이다.『가나가와현사』에는 가마쿠라군 도쓰카 자위단의 규약도 실려 있다. 조직의 설립 목적을 "화재나 도난 예방, 도적떼를 경계함에 있다"고 제시한 뒤, "본 단에 단장 한 명, 부단장 두 명을 두고 경찰서의 지휘를 받도록 한다"고 규정했다. 이런 기록이 보여주는 것은 지역 자경단이 지진 재해 이전에 경찰 주도로 준비되었다는 것이다. 이들 조직의 중심은 재향군인과 청년단원이었다. 지진 직후 학살을 일으킨 자경단도 중심이 된 것은 재향군인과 청년단원이었다.

지진 직후 자경단이 자연적으로 탄생했다면, 이전부터 준비한 것과는 다른 단체가 지진의 혼란 속에서 같은 사람들에 의해 비슷한 목적으로 새롭게 조직된 셈이다. 그것도 교통과 통신이 두절된 넓은 범위의 재해지 곳곳에서 동시에 조직되었다는 말이다. 과연 그런 일이 가능했을까? 아무리 생각해도 상식적으로 이해할 수 없다. 도저히 있을 수 없는 일이다. 그렇다면 왜 "자경단은 지진 재해 후에 자연적으로 생겨났다"고 말하는 걸까? 이 수수께끼의 단서가 되는 책이 있다. 1926년에 출간된 『가나가와현에서의 대진화재와 경찰神奈川県下の大震火災と警察』은 다음과 같이 말한다.

지진 다음 날부터 현의 도처에서 조직된 이른바 자경단원들은 죽창이나 도검, 심지어 총기를 휴대해 집단 피난민 또는 부락을 지키고 불령자에 대비하는 등 불온 상태를 드러내기 시작했는데, 이들은 통솔자 없는 오합지졸이어서 자칫 무고한 백성을 살상하고 야간에 서로 싸우는 등 희비극을 벌였다.

자경단이 '지진 다음 날부터 조직된 통솔자 없는 오합지졸'임을 강조한 것이다. 자경단을 둘러싼 이미지의 기본형이 제시된 것이라 해도 좋을 것이다.

재향군인회의 지부보

그렇다면 실제 자경단은 어떠했을까? 지진 직후 자경단의 움직임을 전하는 흥미로운 자료가 방위성 방위연구소에 남아 있다. 사이타마현에 있던 재향군인회 구마가야 지부가 1923년 11월 1일에 발행한 「지부보·진재특별호支部報·震災特別号」다. 여진이 남아 있던 시점에서 만들어진 듯하다.

이 자료에는 지부의 사무국 소재지가 '구마가야 연대구 사령부'로 되어 있다. 연대구 사령부는 징병 등 지역의 군 행정사무를 담당한 관공서였다. 구마가야 연대구 사령부는 도치기현 우쓰노미야시에 본부를 둔 제14사단의 파견 기관으로 구마가야, 가와고에, 지치부 등 사이타마현 내에 5개의 군을 관할하고 있었다. 그 정도 크기의 재향군인회 조직을 통괄한 지부의 기관이다. 지부보는 시·정·촌市町村별 분회 활동을 보도했다. 한노정 분회 활동은 다음과 같다.

9월 1일부터 13일간 청년단, 소방조와 협력하여 자경단을 조직해 동네 경비를 맡았다. 6곳에 회원을 배치하여 뜬소문 방지·화재

예방·인심 위무慰撫에 힘쓰고, 특히 1일과 2일 전원 출동.

후루야촌 분회 활동은 다음과 같다.

9월 2일부터 6일간 청년단, 소방조와 협력하여 자경단을 조직, 본부를 학교에 두고 각 반마다 구역을 분담하며 특히 가와고에-오미야 도로와 전철 정류장 경비 등 질서 유지에 노력하다.

나구리촌 분회의 보고는 다음과 같다.

2일 밤 11시 반경, 도쿄 방면에서 구축된 300여 명의 불령선인이 폭탄 또는 흉기를 들고 이웃 마을을 습격해 이 마을에도 위해를 끼칠 것이라는 유언비어가 전해지자, 소방대는 경종을 난타하고 출동을 요청했다. 분회원들 역시 각 반에서 출동해 경계를 맡았지만, 허설虛說임을 확인하고 해산했다. 이후 인심을 진정시키기 위해 소방대와 협력하여 2주간 야경을 계속했다. 3일에는 각종 단체와 협력해 가구마다 선전 전단을 배포하고, 저녁까지 위문 보따리 2,000개 이상을 모아 다음 날 4일에 자동차로 운반해 도쿄 시청에 기증했다.

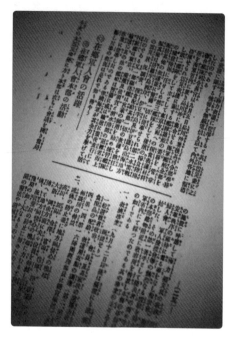

**재향군인회 구마가야 지부의
「지부보·진재특별호」.**

「재향군인회의 활약」이라는
장을 마련해
중앙 본부 움직임부터
시, 정, 촌별 조직의 활동까지
소개한다.

　실로 자경단이 정연하고 조직적으로 행동했음을 알 수 있다. 자경단
의 활동은 청년단 등과 협력해 지진 재해 직후부터 신속히 시작되었
다고 전해진다.

　이런 자료를 읽고 자경단을 오합지졸이라고 생각할 사람이 있을까?
사이타마현과 가나가와현의 지진 피해의 정도는 꽤 달랐지만, 재향군
인회의 조직이나 행동 원칙에는 큰 차이가 없던 것으로 보인다. 사이
타마현 구마가야에서는 상당수의 조선인이 학살당한 것으로 알려져

있다. 1923년 10월 23일자《도쿄 니치니치신문》은 '구마가야 소요 사건 공판'이 우라와 지방법원에서 시작되었다고 전한다. 조선인 46명을 살해한 혐의로 35명이 기소되어 법정에 증거품이 제시됐는데, "죽창, 일본도, 도끼, 곤봉 등이 수북이 쌓여 있을 정도로 대단했다"고 보도한다. 덧붙여, 구마가야 지부 내의 지역이지만 구마가야정 분회의 활동 보고는 이 지부보에서는 찾아볼 수 없었다.

왜 '갑자기 탄생'했을까?

『가나가와현에서의 대진화재와 경찰』은 관동대지진에 대해 언급할 때 자주 인용되는 책이다. 저자 니시사카 가쓰토西坂勝人는 지진 당시 가나가와현 경찰부 고등과장이어서 지역의 사정을 잘 아는 위치라고 생각하기 때문이다. 니시사카의 전직은 후지사와 경찰서장이었다. 이에 관해 히구치 유이치는《요코하마 무역신보》에 실린 다음의 기사를 소개한다.

> 후지사와정 니시사카도 친교회 자위단에서는 민중 경찰의 결실을 거두기 위해 3월 4일에 성대하게 발회식을 실시할 예정이며, 이는 니시사카 전 후지사와 경찰서장의 후원에 의한 것이다.

이 기사에 등장한 니시사카 전 경찰서장은 이 책의 저자 니시사카 가쓰토다. 그가 자경단의 설립과 운영 과정을 모를 리 없었다. 고등과장이라는 위치에서 자경단의 조직 상황도 잘 알고 있었을 것이다. 그런데 왜 이렇게 기록했을까? 아마도 '갑자기 탄생한 것으로 하자'고 결정했기 때문일 것이다. 혹은 경찰이 중심이 되어 지진 이전에 만들어진 자경단은 지진 이후에 활동한 자경단과는 다른 조직으로 간주하기로 정했을 것이다. 그렇게 생각하면 이해할 수 있다.

경찰 관료라는 위치에서 이 사태를 맞닥뜨렸다고 생각해보자. 자신들이 주도하고 준비해온 조직이 대량 살인을 일으켰으니 당황스럽고, 인정할 수 없는 사태였을 것이다. 그래서 이 사태가 경찰과는 무관하게 혼란 속에서 일제히 동시다발적으로 일어났으며, 제대로 통제되지 않은 채 폭주해버렸다는 프레임을 자경단에 씌운 듯하다. 더욱이 학살 책임도 자경단에 전가했다. 자경단이란 갑자기 탄생한 오합지졸, 다시 말해 그 실태가 어떤 조직인지, 누가 책임자인지도 알 수 없는 공기나 구름 같은 애매한 존재이며, 모든 사태는 그런 애매한 존재인 자경단의 잘못으로 만들어버린 것이다. 이런 생각을 전국에 퍼뜨린 것을 보면, 정권이나 경찰 조직 나름의 판단이 섰을 것이다. 조선인을 살해한 것조차 기본적으로 죄를 묻지 않기로 했으니, 그 정도는 괜찮은 일로 여겼을 것이다.

지진 재해 이후 자경단 활동에 처음으로 가담한 사람도 있었다. 무정부주의자 오스기 사카에大杉榮가 헌병 대위 아마카스 마사히코甘粕

正彦에게 살해당한 사건은 일본 사회가 어느 정도 안정을 되찾은 시점인 9월 16일에 일어났다. 오스기는 지진 직후에 지역에서 자경단 활동에 참여한 것으로 전해진다. 경찰의 주요 감시 대상이었던 오스기가 경찰이 만든 조직에 지진 이전부터 가담했으리라고는 생각되지 않는다. 지진 재해 후에 지역의 자경단에 참가해 활동한 오스기 같은 사람은 상당히 많았을 것이다. 그런 사정을 이용하여 정부와 경찰은 자경단이 '갑자기 탄생한 것'으로 방침을 정했고, 시간이 흐르면서 그 의도대로 통설화된 것이 아니었을까?

작가 사토미 돈里見弴은 자전적 소설 『안죠가의 형제安城家の兄弟』에서 지진 이후 재향군인들이 자경단과 함께 가가호호 찾아다니며 오스기를 살해한 아마카스 대위의 감형을 위한 서명운동 모습을 묘사한다. 재향군인들은 근위 사단의 군모에 카키색 군복 차림으로 등장한다. 재향군인은 행사 등에서 주로 군복을 착용했다. 사토미는 이 일이 실제로 경험한 일이라며, 후기에 "아내가 와서 집요하게 서명을 강요했다. 귀찮아서 그만 괜찮다면 네가 서명해도 문제없다고 말해버렸다. 나중에 그 비겁함에 매우 고뇌했던 것을 잊을 수 없다"고 술회한다. 재향군인이 어떤 모습을 한 사람이고 자경단이 어떤 조직이었는지 잘 보여주는 사례다. 재향군인이 지진 재해의 엄청난 혼란 속에서 재해지 곳곳에서 저절로 갑자기 탄생했다거나, 통솔할 수 없는 오합지졸이었다는 말 등은 도저히 있을 수 없는 것이다.

제8장

여러 개의 전후

1 　　　　　　　말할 수 없는 전장 체험

1주년 추모 집회

　　1924년 9월 14일자 《요미우리신문》에는 도쿄에서 조선인 유학생들이 개최한 지진 재해 1주년 추모 집회 기사가 실려 있다. "피○○ 조선동포 기념 추모회" "피복창被服廠 터에서 ○○된 우리 동포는 그 수가 3,200명" 등의 기사 내용에서 복자가 보인다. 검열의 결과이겠지만, '○○'으로 처리된 복자는 '학살'이라는 단어가 삭제된 것이다. 심지어 "당국의 눈이 번뜩여 전단에 '피학살' 운운하는 '학'이라는 한 글자에는 전부 딱지를 붙이라"고 했다고 전한다. 추모 집회에서 한 여학생이 "우리는 모종의 수단을 동원하여 복수해야 한다"고 연설하자 경찰은 중지 명령을 내린다. 이어진 연설자가 "선인 ○○의 불법을 책망해 동포의 영혼에 답할 만한 일을 하자"고 열변을 토하자, 경찰은 '치안방해'라며 집회 해산을 명령했다. 사복경찰 200여 명이 들이닥쳐 집회장 일대는 아수라장으로 변해버렸다.

　　"학살은 없었다"고 말하려는 의도나 움직임이 최근에 시작된 것은 아니었다. 그러나 경찰이 탄압을 했기 때문이라든지, 혹은 사법부가 죄를 묻지 않기로 했기 때문이라든지 또는 사회 전체가 없던 일로

하려고 했기 때문이든지 간에, 그런 이유만으로 관동대지진의 조선인 학살이 오늘날 일본 사회의 기억에서 사라지지는 않았을 것이다. 지금도 일본 사회에서는 '그런 일은 없었다'는 생각이 의회와 같은 공적인 자리에서 서슴없이 회자되고 있다. "법치국가 일본에서 수천 명의 학살은 있을 수 없다" "황당무계한 트집이다. 일본인으로서 용서할 수 없다"고 생각하는 사람도 많은 것 같다. 일본인은 그런 일을 할 리가 없다, 어떤 어려움 속에서도 정연하게 서로 돕는 것이 일본인이다. 이러한 생각이 최근 일본에서는 다수의 지지를 받고 힘을 얻고 있는 것 같다.

일본 근대사에서 조선인 학살은 고립된 존재로 보인다는 생각을 지울 수 없다. 이는 유례를 찾아볼 수 없는 사건이다. 그러니 더더욱 일본인들은 그런 일이 있었다고 생각하지 않는다. 설령 인정하더라도 '정신이상'이 그 원인이었다고 생각한다. 하지만 지금까지 살펴본 것처럼 그 시야를 한반도까지 넓히면, 조선인 학살 행위는 일본군이 지속적으로 반복해온 역사다. 그런 사실은 금세 잊혀갔고, 그것을 관동대지진과 결부시켜 생각하지도 않는다. 역사도 기억도, 일본열도 안팎에서 조각나고 파편화된 것이다. 그러니 그 사건들은 유례없이 고립된 존재로 여겨지고 이해할 수 없게 된 게 아닐까?

유례가 없는 고립된 학살

그런 생각을 하다 보니 과거 중국인 대학교수에게 들었던 이야기 하나가 생각났다. 21세기를 맞은 지 얼마 되지 않아 일본과 중국 사이의 역사 인식을 둘러싼 불화가 표면화된 적이 있었다. 중국 각지에서 반일 시위와 폭동이 일어나 일본 자동차와 일본 자본의 상점들이 공격당했다. 폭동의 배경을 알고 싶어 중국인 연구자를 찾아다녔다. 그중 교육학자 한 명이 자신의 전공 분야 입장에서 이런 지적을 해주었다.

전후 일본 교직원 조합은 "제자를 다시 전쟁터에 보내지 말라"를 평화 활동 슬로건으로 삼았다. 하지만 그런 슬로건을 내걸기 전에, "전쟁터에서 무슨 행동을 했는지" 제자들에게 왜 말하지 않았을까? 일본인들은 일본군이 중국에서 구체적으로 어떤 행동을 했는지 모른다. 뭔가 잘못한 것 같다는 애매한 이미지를 가지고 있을 뿐이라고 말했다. 자신의 체험도 다음과 같이 말해줬다.

중국과 일본이 국교를 회복할 때, 과거에 나빴던 것은 일본 군국주의 지도자들이었고 일본 민중도 희생자였다고 배웠다. 1980년대 초에 일본으로 유학을 갔다. 한번은 도쿄 우에노에 벚꽃놀이를 갔다가 거기서 나이 든 남성 단체의 연회를 보았다. 그들이 하는 이야기로 짐작해볼 때 전우회 모임이었다. 내게 들려온 것은 자신들이 중국에서 무엇을 했는지에 대한 무용담이었다. 일본 민중은 희생자가 아닐 뿐 아니라 잘못했다는 자각도 없다는 것을 알았다. 중국에서 배운 것과 실제 모습은 전혀 달랐다. 놀랍고 충격적이었다. 중국에서 배운 내용은 중국 민중에게 국교 회복을 납득시키기 위한 허구에 불과했다.

위의 지적은 쇼와 전쟁에만 해당하는 것은 아닐 것이다. 메이지에서 다이쇼에 걸쳐 여러 차례 전쟁이 있었고, 또 여러 차례의 전후가 있었다. 그러나 어떤 전쟁에서도 전쟁터에서의 생생한 실체가 당사자의 입을 통해 이야기되거나 추궁당하는 일이 없었다. 그런 상황에서 하물며 나쁜 짓을 했다는 등의 의식을 가지거나, 그런 생각이 사회적으로 확산되는 일이 있었을까. 일본은 미국과의 전쟁에서 패배했기 때문에, 일반 민중이 참여한 중국 등지의 싸움에서 일본군의 무차별한 살육을 감출 수가 없었다. 하지만 민중 학살과 같은 비인도적 행위는 쇼와 파시즘 시기에 이르러 시작된 것으로 현지 부대의 폭주적인 악행이자 일본 육군의 전통에서 벗어난 행위였다는 맥락에서 이해하려 들었다. 쇼와의 편협한 군부와 달리 메이지나 다이쇼 군인들의 행실은 옳았다는 생각은 오늘날에도 힘을 지닌다. 해외 신문들의 보도로 부정할 수 없던 청일전쟁에서의 뤼순旅順 대학살 정도가 예외적인 사건으로 받아들여진다.

그 결과, 관동대지진의 학살은 메이지·다이쇼의 역사 속에서 고립된 사건이 되고 말았다. 후대 사람으로서는 유례를 찾기 어려우니 이해할 수 없고 '정신이상'이라고 생각할 수밖에 없는 게 아닐까?

"움직이는 것은 모두 죽여라"

전쟁터에서의 체험을 말할 수 없다는 것에 관심을 두게 된 계기는 어떤 책 한 권과의 만남이었다. 선미 마을은 베트남 전쟁의 기억을 가진 세대에게는 뇌리에 새겨진 지명일 것이다. 미군 부대가 이 마을 가운데 미라이 부락(미라이 대학살로 알려진 곳)을 덮친 것은 1968년 3월의 일이었다. 단 한 명의 전투원도 찾아보기 힘든 부락이었지만, 미군 부대는 주민 5,000명을 몰살시켰다. 미군은 한 명의 전사자도 내지 않고 적병 128명을 살해했다고 전과를 발표했다.

이 마을에서 실제로 무슨 일이 있었는지 밝혀진 것은 이듬해 11월의 일로, 프리랜서 기자 시모어 허시Seymore Hersh의 끈질긴 취재 성과였다. 거센 비판이 일자 미군은 조사에 착수했다. 상세한 내용을 전하는 보도가 잇따르면서 처참한 실체가 드러났다. 습격 전날 밤 지휘관 대위가 작전을 설명했다. "마을의 모든 것을 죽여라" "숨 쉬는 것은 다 죽여라"는 명령을 내렸다. 이에 한 병사가 물었다. "여자나 아이도 죽여요?" 이에 대답하면서 대위는 이렇게 명했다. "움직이는 것은 다 죽여라!" 선미 마을 사건은 일본에서도 신문과 TV가 거듭 보도했다.

당시 중학생이던 나는 젊은 지휘관이 이끄는 미군의 작은 부대가 해서는 안 되는 행위를 저지른 특별한 사건으로 기억했다.

미국 역사가이자 저널리스트인 닉 터스Nick Turse가 『움직이는 것은 모두 죽여라Kill anything that moves』를 출간한 것은 2013년이다. 일본어 번역본은 2015년에 미스즈서방에서 출판되었다. 베트남 전쟁에서 민간인 학살의 실태를 10년에 걸쳐 파헤친 엄청난 노작이다. 이 작품은 미라이 부락 학살 현장의 세밀한 묘사로 시작된다. "그들이 마주친 것은 싸우고 싶어 안달복달하는 적병이 아니라 민간인이었다. 그것도 여성과 어린이와 노인들뿐이었다. 대부분은 아침밥을 짓고 있었다. 하지만 병사들은 명령을 철저히 완수하고자 그들을 살해했다. 모든 것을. 움직이는 것은 전부"라는 표현뿐만 아니라, 저자는 "집에서 앉아 있던 노인이나 숨으려고 도망치는 아이들을 쏴 죽였다. 집 안을 살펴지도 않고 주거지에 수류탄을 던져 넣었다. 여성의 머리를 잡고 근거리에서 권총을 쏜 사관도 있었다. 한 여성은 아기를 안고 집에서 나오다가 곧바로 총에 맞았다. 아이가 땅바닥에 굴러떨어지자 다른 병사가 그 아이에게 총알을 퍼부었다"라고 썼다. 할 말을 잃게 만드는 광경이다. 터스는 "등골이 오싹했다"고 표현했다.

하지만 터스가 조사를 통해 밝힌 것은, 선미 마을에서 있었던 상세한 학살 사건의 전말뿐만이 아니었다. 그는 선미 마을이라는 그림자에 숨겨져 그동안 알려지지 않은 수많은 학살과 그것이 잊히게 된 원인과 배경을 파헤쳤다. 예외적인 '일탈'로 여겨온 선미 마을 학살이었지만, 그것은 미군 작전의 일환이었다. 터스는 공들여 찾아낸 공문서와 수많은 당사자들의 증언을 토대로 유사한 민간인 학살이 일상적으로 있었음을 백일하에 밝혀낸 것이다. 베트남에는 수백 개의 선미 마을과 같은 참극과 비극이 있었다. 보도를 통해 드러났기 때문에 선미 마을 학살은 부인할 수 없었지만, 그 외에는 입을 다물고 말할 수 없었던 것이다.

그런 사실을 터스는 분명하게 밝혔다. 내가 무엇보다 놀라웠던 것은 베트남 전쟁은 흘러간 역사가 아닌, 아직 생생한 기억의 무대라는 것이다. 학살에 연루되거나 목격한 당사자는 미국 내에서만도 상당한 규모로 생존해 있을 것이다. 그런데도 대부분 사건은 겉으로 드러나지 않았고, 선미 마을만 예외적인 사례로 여겨왔다. 터스는 그 배경도 추적했다. 병사들의 고발에 따라 미군은 조사도 진행했다. 터스는 기록을 꼼꼼히 찾아내 숨겨진 사실들을 밝혀냈다. 하지만 모든 것은 거기서 멈췄다. 고발한 병사에게 보낸 미군 측의 편지도 소개됐다. 거기에는 이렇게 적혀 있다.

미합중국 육군은 무의미한 살인이나 인명 경시를 허용한 적이 한 번도 없습니다.

터스의 작업은 돋보였다. 이것은 국외에서 행한 병사들의 비인도적 행위를 국내에서 모두의 기억으로 남게 하기가 얼마나 어려운지 알려준다. 이를 읽어나가는 사이에 나는 확신이 들었다. 분명 일본도 마찬가지였을 것이다.

2   일본인 마음의 틈을 겨냥한 속임수

부독본 초판

요코하마의 중학생용 부독본은 1971년 초판에서 관동대지진에 대해 다음과 같이 기술한다.

> 정부는 계엄령을 발령하고 군대를 수송해 소요를 경비하고 재난이 심한 곳에 경찰관을 파견해 치안 유지를 도모했다. 조선인 사건 같은 무서운 소문과 약탈로부터 자신을 보호하기 위해 시민들도 자경단을 조직해 이에 협력했다.

이를 편집한 사람은 사회과에 밝은 교장과 베테랑 교원이었다. 지진 재해로부터 48년이 지난 시점이기에 어릴 적에 지진 재해를 체험했겠지만 목격하거나 전해 들은 참극에 대한 언급은 없다. 한편으로 자경단 활동이 옳았다는 생각을 내비친다. 그러나 그것이 특별한 의식이었다고는 생각되지 않는다. 집필자가 55세였다면, 7세에 지진 재해를 체험했다. 학살이 공공연히 자행되었으니 요코하마 출신이었다면 분명 목격했을 것이다. 그런데 아무도 죄를 묻지 않았으니 그것이 잘못된

일, 범죄라는 의식을 갖지 않았을 것이다. 15세가 되면 만주사변이 발발하고, 21세에는 중일전쟁이 시작되어 25세에 태평양전쟁에 돌입했다. 그 세대에 속하는 일본 남성은 대부분 군대를 체험했다. 그동안 아시아의 다른 민족을 죽여서는 안 된다는 의식과 규범이 일본 사회에 있었을까? 패전을 거치고도 그런 의식이 변하지 않고 일본 사회에 면면히 흐르고 있었다. 이 초판본은 그런 정황을 말해준 것이다.

1960년대에 관동대지진 학살 사실을 파헤치는 작업이 시작됐고, 그 중심에는 재일조선인 연구자들이 있었다. 일본인들은 없던 일로 간주하고 잊으려 했던 역사였다. 요코하마의 사찰 마을인 구보야마에는 '관동대지진 순난조선인 위령비関東大震災殉難朝鮮人慰霊之碑'가 세워져 있다. 위령비 뒷면에는 "소년 시절에 목격한 한 시민이 세우다"라는 문구가 새겨져 있다. 어묵 제조업을 하던 이시바시 다이시石橋大司가 1974년에 사재로 건립했다. 이시바시는 소학교 2학년 때 지진을 체험했다. 작문을 남긴 아이들과 같은 세대다. 부독본 초판을 만든 사람들과도 같은 세대다. 78세가 되던 1993년에 그는 《아사히신문朝日新聞》에 자신의 생각을 이렇게 투고했다.

많은 일본인이 조선인을 학살하거나 목격했는데도 입을 다물고 있다. 부끄러운 일이다.

근거 없는 속임수의 표적

관동대지진의 학살이란 어떤 사태였을까? 그런 참극이 왜 일어났고, 그 경험이나 기억이 왜 세대를 초월해 이어지지 않았을까? 그런 의문에 대한 대답이 조금씩 풀리기 시작했다. 도쿄와 요코하마에서 게다가 공공연한 장소에서 아무 죄도 없는 애꿎은 사람들이 줄줄이 살해당했다. 살해 행위를 한 사람은 평범한 일본인이었다. 오늘날 평화로운 사회에서 살아가는 일본인으로서는 그런 일이 있을 수 없다고 생각하는 것도 이상하지 않다. 일본인은 그런 일을 하지 않으리라 믿는 사람도 많을 것이다. 믿을 수 없고, 믿고 싶지 않다는 생각도 이해할 수 있다. 그러나 그것은 사실이다.

기묘한 견해가 '역사의 진실'로 회자되는 일도 드물지 않다. 분명 사실과 다르더라도 "학살은 없었다"고 우기는 사람이 있는 것도 그 의도가 무엇이든 하나의 역사적 진실로 볼 수 있을지도 모른다. 하지만 오늘날 일본 사회에서는 그런 근거 없는 주장이 일정한 지지를 받으며 공적인 공간으로까지 확대되고 있다. "학살은 없었다"는 주장이 논거로 삼는 것은 "대량 학살을 말해주는 공문서가 없다" "유언비어는 근거 없는 소문이 아니었다" "살해당한 조선인은 있었지만, 그들은 범죄자이며 일본인의 정당방위였다"는 내용으로 요약된다.

먼저 공문서가 존재하지 않는다는 이유는 더 이상 설명이 필요 없을 것이다. 처분해서 남기지 않았기 때문이다. 또는 원래 만들지 않았을 수도 있다. 동학농민전쟁에서 전쟁사 기록의 개찬을 상기해보자. 전투는 없었던 일로 만들었으니 전사자가 있어서는 곤란하다. 관동대지진 학살도 죄를 묻지 않기로 했으니 범죄 행위를 말해주는 문서는 없어야 한다.

유언비어에 대해서는 수많은 증언이 남아 있다. 가나가와 경비대의 사령관이던 오쿠다이라 슌조奧平俊蔵 중장은 다음과 같이 전한다.

소요의 원인은 물론 불령한 일본인에게 있다. 그들은 스스로 나쁜 짓을 하고서도 이를 조선인에게 전가하며 사사건건 조선인 탓을 한다. 요코하마에서도 조선인이 강도와 강간을 저지르고 우물에 독을 타며 방화 등 갖가지 나쁜 짓을 저지른다고 들었다. 이와 관련한 명령도 있어 이를 철저히 조사해보니 모두 사실무근이었다.

"유언비어는 소문이 아니었다"는 내용의 근거로 당시 신문이 제시되는 경우가 많은데, 이는 지진 직후의 혼란 속에서 유언비어를 그대로 전한 전형적인 오보다. 10월 20일에 보도 통제가 풀리면서, 사실을 토대로 한 보도가 시작됐다. 21일의 《도쿄 니치니치신문》은 "요코하마에서 살해된 조선인이 150명에 이른다. 유언비어로 인해 일주일간 총성이 끊이지 않았다"고 보도했다. 23일의 《도쿄 아사히신문》에는 「조선인의 범죄는 요코하마 시내에서 10여 건」이라는 제목의 기사에서 다음과 같이 보도했다.

> 요코하마 시내의 폭행 조선인으로 인정되는 것은 야마노테와 이세사키에서 성냥으로 방화한 자 2명, 나카무라와 가나가와에서 강도 2명, 절도가 시내 각처에서 7~8건에 이른다. 범인은 모두 자경단 손에 살해된 것 같다. 경찰부에서는 확증을 잡기 위해 고심 중이다. 아울러 조선인이 강도를 저지르거나 우물에 독약을 탔다는 사실은 인정되지 않는다.

제목과 달리 조선인의 범죄로 확증이 있는 것은 하나도 없음을 알리는 내용이다. 27일의 《오사카 아사히신문》은 1면 톱에 「불령 자경단의 검거」라는 기사를 다음과 같이 보도했다.

> 도둑을 잡아보면 내 자식이었다. 대지진 당시 불령선인에 의한 폭동과 약탈의 풍설이 터무니없이 과장되어 전해졌다. 이른바 자경단이 조직되어 다수 선인을 살상하는 대참극이 벌어졌다. 오늘에 이르러 조사해보면 지진의 난동을 틈타 강도 탈취 등의 죄를 지은 사람은 불령한 일본인이었고 조선인이 아닌 것으로 밝혀졌다.

조금 냉정하게 따져보면 "학살은 없었다"는 주장은 근거 없는 속임수가 명백하다. 그것이 힘을 갖게 된 것은 '믿을 수 없다'는 일본인의 소박한 생각 때문일 것이다. 무엇이 사실인지 따지지 않고 지내왔기 때문에 애매한 자화상밖에 그릴 수 없는, 오늘날 일본인들 마음의 틈을 노린 속임수라고 할 수 있다. 일본인은 선량하다, 어떤 때라도 나쁜 짓은 하지 않는다. 그런 심정을 노린 속임수다.

앞에서 조선인의 처지를 생각하는 소녀의 글을 소개했는데, 그 글에 묘사된 서로를 돕는 일본인의 모습은 어디까지나 선량하다. 그러나 바로 옆에서는 가차 없는 박해와 학살이 자행되고 있었다. 두 모습 사이의 간극은 엄청나게 커 보이지만 둘 다 실제로 일어난 일이다. 양자를 냉정하게 바라보아야만 일본인이 무슨 일을 저질렀는지 사실 그대로의 역사적인 자화상을 그릴 수 있을 것이다. 짙음과 옅음, 밝음과 어두움, 빛과 그림자를 동반한 등신대의 자화상 말이다.

제9장

다음 시대를 전망하는
역사상의 힌트

판결의 배후와 고난의 역사

이 책은 징용공 소송을 둘러싼 한국과 일본의 갈등을 어떻게 생각하면 좋을지 그 원인을 찾아 나선 탐색이었지만, 줄줄이 터져 나오는 의문점들을 쫓다 보니 뜻하지 않은 영역까지 파고들었다. 징용공 문제와 관동대지진의 학살 문제에는 서로 연결되는 공통점이 있다는 게 보이기 시작했다. 일본에서는 의도치 않게 잊어버린 역사가 있는 가운데 "그런 일은 없었다"고 우기지만, 한국은 "날조하지 마라. 우리는 기억하고 있다"고 고발하는 측면이 있는 것도 확인했다. 두 사안은 모두 일본인의 역사 인식을 추궁한다.

징용공 소송을 둘러싼 갈등도 무엇이 문제인지 명확하다. '국교 정상화 이후 최악'이라는 갈등을 빚은 대법원 판결의 골격을 이룬 것은 "일본에 의한 병합은 불법이자 무효였다"는 논리였다. 이후 일본의 지배도 불법 무효이고, 일본 국민으로 간주해 조선인에게 취한 정책도 불법이자 무효인 셈이다. 게다가 한일청구권협정에는 식민지 지배에 대한 배상은 포함되어 있지 않다는 인식이 합쳐져 일본 기업에 배상을 명령했다. 징용공 소송 갈등에는 징용공이 일본에 오게 된 경위는 어땠는지, 이들이 가혹한 노동을 강요당했는지, 강제로 저금을 예탁한 사람은 누구인지 등을 둘러싼 논쟁도 눈에 띄지만, 이 문제의 핵심은 판결에서 애초에 병합은 불법이었다고 인정한 것에 있다. 병합은 불법이고, 일본의 지배는 군사력에 의한 강제 점령이므로 그 아래에서 이루어진 비인도적인 정책은 인정할 수 없다는 논리다. 그리고 불법적인 행위로 인한 손해는 한일청구권협정 대상에서 제외되어 아직 청산되지 않았다는 판단을 내리고 있다.

불법 무효라고 주장하는 논리는 다음의 두 가지 인식에서 비롯된다. 하나는 "한국병합조약에는 절차적인 미비가 있어 무효"라는 인식이다. 1990년대부터 한일 연구자들 사이에서 논의됐지만, 견해가 정리되지 않아 서로의 입장만 주장하고 있다. 또 하나는 "한국병합조약은 분명히 계산된 지속적인 노력의 최종 결과물이자 불법"이라는 인식이다. 일본인으로서는 이해하기 어려운 주장이다. '헛소리'처럼 들리는 사람도 있겠지만, 지금까지 살펴본 것처럼 한국인들의 마음에 자리 잡고 있는 수많은 고난의 역사를 확인할 수 있다.

청일전쟁은 일본이 조선에 생트집을 잡아 무력으로 위협하면서 시작한 전쟁이었다. 동학농민전쟁에서 일본은 처음으로 조선 민중과 직접 마주했다. 일본이 저항하는 동학 농민에게 보여준 것은 무력에 의한 몰살이었다. 그 실체는 처참하기 짝이 없는 무차별한 살육이었다. 러일전쟁에서는 대량의 병력을 한반도에 상륙시켜 주요 전장으로 부대를 보내 조선인들에게 일본의 무력을 보여주었다. 그런데도 일본의 지배를 따르기 거부하고 의병 투쟁이 시작되자 일본은 가혹한 대응으로 일관했다. 그런 과정을 통해 일본은 한국을 '보호국=속국'으로 만들었고 외교와 내정까지 장악했다. 한국병합조약을 들고나왔을 때는 한국은 저항할 힘이 거의 남아 있지 않았다.

일본인만 300만 명 이상 사망한 제2차 세계대전을 되돌아볼 때, 전쟁이 발발한 계기는 1936년에 일어난 2·26사건이었다고 한다. 정부 요인을 살해한 군인의 폭력 앞에 이의를 제기하는 사람이 없어져 군부의 폭주를 허용하게 되었다는 해석이다. 하지만 일본인이 두려워했다는 2·26사건에서 사망자는 몇 명이었을까? 불과 9명이었고, 그중 5명은 경비 경찰관이었다. 병합에 이르기까지 일본의 무력에 의해 빼앗긴 조선인의 목숨은 그 단위 자체가 달랐다. 이런 사실을 알고 있는 일본인은 과연 얼마나 될까? 그러나 조선인들은 일본 지배에 계속 저항하다가 마지막까지 모든 힘을 쏟았지만 결국 병합에 이르게 된다.

누군가 도장이 찍힌 증거 문서가 있다고 빚을 갚으라고 한다. 그런데 그것이 폭력으로 인해 무리하게 도장을 찍었거나 빼앗긴 도장이 마음대로 쓰인 것이라면 어떨까? 무효라고 외치고 싶은 것은 너무도 자연스러운 일이다. 한국인들이 "한국병합조약은 불법이고 무효"라고 오늘날까지도 거부하는 억울한 마음이 여기에 있다.

구보타 발언

그런 한국인들의 생각에 일본은 어떻게 대응했을까? 1953년 한일회담에서의 구보타 간이치로久保田貫一郎 수석대표의 발언을 되돌아보자.

외교사적으로 봤을 때 일본이 조선에 진출하지 않았다면 러시아나 중국이 점령해 현재의 북한처럼 더 비참했을 것이다. ……조선의 독립을 결정한 카이로선언은 전쟁 중 흥분 상태에서 연합국이 쓴 것이므로 지금 연합국이 썼다면 저런 문구를 쓰지 않았을 것이다. ……한국 측이 조선총독부의 36년 통치에 대한 배상을 요구한다면, 총독 정치의 좋았던 측면, 예를 들어 민둥산을 녹색으로 바꾼 것, 철도를 깐 것, 항만을 축조하고 수전水田을 조성한 것을 반대 이유로 제출하며 한국 측의 요구를 상쇄시킬 것이다.

구보타 발언에 한국은 '망언'이라며 강하게 반발해 한일회담이 중단됐다. 그런데 이 발언은 보통의 일본인이 가진 생각이 아니었을까? 또 일본인의 인식은 오늘날에도 크게 변하지 않은 게 아닐까? 이런 일본인의 역사 인식은 사실을 개찬하고, 기록을 처분하고, 기억을 망각함으로써 일본의 입맛에 맞춰 만들어진 것이다.

1965년에 한일기본조약과 한일청구권협정이 체결됐을 때, 한국 측에서는 적어도 그런 사실을 알 수 없었다. 일본의 주장에 항변하려 해도 구체적인 논거를 제시하지 못했다. 한국병합조약에 절차적인 미비점이 있다는 지적이 제기되면서, 청일전쟁의 정사正史가 개찬하여 발행된 사실이 확인된 것은 1990년대에 이르러서였다. 징용공 소송은 그런 시기에 시작되었다. 일본에서의 패소를 거쳐 한국에서 제소된 것은 한일회담 내용이 공개된 시기였다. 그동안 일본의 입맛에 맞게 쓴 역사 때문에 가려진 한국병합에 관한 내용을 포함해 일본의 폭력적인 행동의 실태가 드러났다. 연구가 진전되면서, 일본인이 저지른 지속적인 조선인의 희생과 고난의 역사가 하나둘 밝혀졌다.

2010년에 발표된 '한국병합 100년 한일 지식인 공동성명'은 이런 역사 연구의 성과를 바탕으로 "한국병합은 대한제국의 황제와 민중을 포함한 모든 사람의 격렬한 저항을 군대의 힘으로 짓누르고 실현시킨, 문자 그대로 제국주의 행위이며, 불의부정한 행위였다"고 지적한 뒤, "병합의 역사에 관하여, 지금까지 밝혀진 사실과 왜곡 없는 인식에 입각하여 뒤돌아보면 이미 일본 측의 해석을 유지할 수 없게 되었다. 한국병합조약 등은 원래 불의부당한 것이었다. 그런 의미에서 처음부터 'null and void(무효)'였다고 하는 한국 측의 해석이 공통된 견해로 받아들여져야 할 것이다"고 호소했다.

이 성명에는 역사학자 와다 하루키和田春樹와 미야지마 히로시宮嶋博史, 미야치 마사토宮地正人, 정치학자 미타니 다이치로三谷太一郎, 철학자 쓰루미 슌스케鶴見俊輔, 작가 오에 겐자부로大江建三郎 등 한일 양국에서 1,000여 명에 이르는 사람이 참여해 성명서에 이름을 올렸다. 한국에서는 학자와 언론인 외에 시인 김지하의 이름도 보인다. 많은 일본인이 당연하게 생각한 역사상이 더 이상 성립되지 않는다는 인식은 연구자나 이 문제에 관심을 지닌 사람들 사이에서는 새로운 일도 아니다.

그런 과정을 거쳐 징용공 소송의 커다란 전환점이 된 2012년 한국 대법원 판결이 선고됐다. 이명박 보수 정권하의 일이었고, 정치적 의도로 느닷없이 내려진 판결도 아니었다. 그런데 일본은 그 판결의 지적과 주장을 이해할 수 없었다. 이해하려고도 하지 않은 채 "무례하다"는 인식이 확산되어 적대감과 증오를 감추지 않았다. 한국인들은 사사건건 "역사를 왜곡한다"며 일본을 비판했다. 그런 비난이 어떤 생각에서 비롯된 것이며 구체적으로 어떤 점을 지칭하는지 대다수 일본인이 과연 이해하려 했을까? 일본군 위안부 문제에 대해 "기록이 없다"고 일본이 설명해도 한국은 납득하려고 들지 않는다. 기록이 없는 것은 위안부뿐만이 아니니 어쩌면 자연스러운 일이겠지만, 왜 그런 일이 벌어졌는지 일본은 생각조차 하지 않는 게 아닐까? 적어도 나는 그랬다. 하지만 지금까지 살펴본 바에 따르면 과연 어떨까? 역사 인식 차이의 원인을 확인하고 나서, "무례하다"고 단언할 만한 용기와 오만함을 갖춘 일본인은 얼마나 될까? 드러난 역사의 사실에서 자신이 피해자의 입장이었다면 어떨까? 억울하다는 생각이 들지 않을까?

한일 간의 대립이 깊어지면서 한국이 얼마나 일본과 다른지를 설명하는 서적이 다수 출간됐다. 인터넷 공간에는 한국이 주장하는 역사상이 얼마나 민족주의적이고 기괴한지, 반일 교육이 얼마나 왜곡된 인간을 키우고 있는지에 대한 말들이 넘쳐난다. 한국의 사정에 대한 그런 지식은 이미 충분히 들어 몸에 익히지 않았을까?

현재 상황이 바람직하지 않다고 생각될 때 먼저 필요한 것은 우리 자신을 되돌아보는 것이다. 당연하게 생각하고 의심조차 품지 않은 역사상이 어떻게 생겨나 오늘에 전해졌는지를 생각하는 일부터 시작해야 한다. 근대 일본이, 일본인이 무엇을 해왔는지에 대한 역사적인 자화상이 너무 모호하다. 그 자화상이 의문과 모순으로 가득 차 있음을 인식하거나 자각하지 않고는 이 문제의 본질적인 해결은 기대할 수 없을 것 같다.

문재인 대통령의 역사관

나는 한국이 주장하는 역사상을 전적으로 긍정하지는 않는다. 도저히 이해나 동의할 수 없는 인식도 몇 번인가 보았다. 그중에서도 2020년의 3·1운동 기념식에서 문재인 대통령의 연설에 놀랐다.

국민 여러분, 1919년 한 해에만 무려 1,542회에 걸친 만세 시위 운동으로 전국에서 7,600명이 사망했고, 1만 6,000여 명이 부상을 당했으며, 4만 6,000여 명이 체포 및 구금되었습니다. 세계적으로도 유례를 찾아볼 수 없는 일이었습니다. 일제의 탄압이 가혹했지만, 우리 겨레의 기상은 결코 꺾이지 않았습니다. 학생, 농민, 노동자, 여성이 스스로 독립과 자강, 실력 양성의 주인공이 되면서 오히려 더 큰 희망을 키웠습니다.

대통령이 제시한 숫자는 독립운동가들이 망명지인 상하이에서 1920년에 출간한 책에 기록된 것으로 오랫동안 통설로 여겨왔다. 그런데 한국의 정부 기관인 국사편찬위원회가 3·1운동 데이터베이스를 구축해 100주년에 맞춰 2019년에 공개한 자료에 따르면 시위 참가자는 최대 103만 명, 사망자는 약 900명이다. 이보다 1년 앞선 100주년 기념식에서도 문재인 대통령은 연설에서 "만세의 함성은 5월까지 계속되었습니다. 당시 한반도 전체 인구의 10퍼센트나 되는 202만여 명이 만세 시위에 참여했습니다. 7,500여 명의 조선인이 살해됐고 1만 6,000여 명이 부상을 당했습니다. 체포 및 구금된 수는 무려 4만 6,000여 명에 달했습니다"라고 말했다.

한국의 보수 계열 신문은 「정권 선전에 들러리 세운 3·1운동 100주년」이라는 기사를 게재했다. 보수 신문들은 국사편찬위원회 위원장이 "데이터베이스는 많은 역사 연구자들이 사명감을 갖고 협력해 작성한 고도의 연구 성과물"이라고 설명했다고 지적한 뒤, 문재인 대통령이 근거가 의심되는 비현실적인 숫자를 언급해 비판을 받은 적이 한두 번이 아니지만, 이번에는 역사에서도 자신의 취향에 따라 숫자를 골라 인용하느냐고 비판하는 내용이었다. 이 시점에서는 데이터베이스 운용이 시작된 지 얼마 되지 않아 대통령의 연설 담당 비서관이 몰랐을 가능성도 부정할 수 없을 것이다. 그런데 2020년에도 그 자세는 변하지 않았다. 데이터베이스 숫자가 1년 만에 바뀌었나 싶기도 했다. 한국 연구자에게 부탁해 사실관계를 알아봤지만 달라진 게 없고 데이터베이스 구축에 관여한 연구자는 '자신감을 갖고 있다'고 말한 것으로 알려졌다.

그는 오랜 세월 품어온 역사상이 사실과 다르다는 것을 인정하고 싶지 않았을 것이다. 인권 변호사로서 강압적인 정권과 대치해온 문재인 대통령에게 그것은 단순한 역사가 아니라 문재인 정권을 창출하는 데 바탕이 된 대한민국의 신성하고도 불가침한 건국신화인지도 모른다. 문재인 대통령은 3·1운동 100주년을 공동으로 축하하자고 북한 김정은 위원장에게 제안했지만, 아무런 반응이 없어 무산됐다. 북한도 항일운동 역사를 국가 정통성의 근간으로 삼고 있지만, 그 주역은 어디까지나 항일 빨치산을 이끈 건국의 아버지인 김일성이다. 북한의 역사관은 3·1운동을 실패로 본다. 제국주의 대표인 미국 대통령의 말에 의지한 것이 잘못이고, '민족대표'는 공원에서 기다리는 사람들 앞에 모습을 보이지 않고 투항했다. 혁명적인 인민 대중에 대비해보면 부르주아 민족주의자인 민족대표들은 우유부단하게 동요해 혁명적이고 조직적인 무장투쟁으로 전환하지 못했다는 평가다.

'민족의 역사'로 문재인 대통령이 내세우는 신화는 한반도 남쪽 절반에서만 효력을 갖는다. 문재인 대통령의 100주년 연설에 대해 보수

계 신문들은 "사회 안의 분단을 격화시키는 관제 민족주의" "친일을 악의 대명사로 삼는 선악 이원의 위정척사 사상" 등으로 강하게 비판했다. 역사 인식이 한반도의 남북 간에도, 남한 내부에서도 분열되어 있음을 느낄 수 있었다. 한국이 역사를 둘러싸고 적대관계에 있는 것은 일본만이 아니다. 팽팽한 긴장감을 수반하는 복잡한 세력 관계 속에서 역사는 정통성을 주장하는 근거가 되기 때문에 결코 물러설 수 없는 게 당연한 일인지 모르겠다. 하지만 한국이 현재의 역사상을 그대로 지니고 있는 한, 국민 통합이나 민족의 통일과 같은 다음 단계로 나아가기는 어려울 것이다. 박정희 대통령으로 대표되는 냉전하의 강권적 정권과의 대결 속에서 생겨났겠지만, 문재인 대통령이 품은 역사관도 막다른 골목이다.

일본인의 역사관

20년이나 지난 일이지만 일본 근대사를 전공하는 한 대학교수와 잡담을 나누다가 역사소설이 화제가 되어 이런 질문을 한 적이 있다. "역사적 사실을 가장 충실하게 담는 작가는 누구죠?" 대답은 매우 단정적이었다. "요시무라 아키라지. 여러 차례 취재에 응했지만 정말 열정적이고 다른 작가들과는 전혀 다르더라고."

요시무라는 『사실을 쫓는 여행史実を追う旅』이라는 수필집을 출간했다. 이 수필집에는 역사적 사실에 다가가고자 주도면밀하게 취재를 거

듭한 그의 하루하루가 담겨 있다. 앞에서 언급했듯이, 요코하마의 사찰 마을인 구보야마에 '관동대지진 순난조선인 위령비'가 '소년 시절에 목격한 한 시민'에 의해 건립된 것이 1974년인 것을 생각한다면, 애매하게 방치되어온 관동대지진과 조선인 학살을 요시무라가 거론한 의의는 매우 크다. 『관동대진재』를 출간한 1973년에 요시무라는 기쿠치 간상菊池寛賞을 받는 큰 영예를 안았다. 일본 사회에 그 정도로 큰 충격을 준 작품이었다.

그러나 취재를 거듭하면서 『관동대진재』에서 요시무라가 드러낸 생각에 나는 의문을 가지게 되었다. 그와 비슷한 작업을 거쳐 나 역시 한 권의 책으로 정리해보니, 요시무라가 완전히 틀렸다고는 생각되지 않는다. 문제가 있다면 그것은 시대적인 제약 때문일 것이다. 자료가 없어 더 이상 파헤칠 수 없었다. 만약 요시무라가 오늘날 이 주제를 언급한다면 분명 다르게 썼을 것이다.

메이지 일본을 말할 때 화제가 되곤 하는 시바 료타로司馬遼太郎의 『언덕 위의 구름坂の上の雲』만 해도 같은 제약이 있었다. 이 책은 조선을 둘러싸고 일어난 러일전쟁이 큰 줄거리인데도, 조선인들이 거의 등장하지 않아 비판받는 경우가 많다. 이번에 다시 읽어봤는데 확실히 조선인은 등장하지 않는다. 그러나 동시에 청일전쟁의 발단이 된 서울에서의 왕궁 포위 등 조작된 역사를 교묘히 회피하고 있다. 필요 없다고 생각했는지, 육군이 정리한 전쟁사를 믿을 수 없다고 판

단했는지 지금으로선 확인할 길이 없지만, 후자일 가능성이 높을 듯하다. 『언덕 위의 구름』은 1968년부터 1972년까지 발표된 작품이다. 육군에 의해 전쟁사가 조작된 것으로 밝혀지고, 동학 농민의 큰 희생이 드러난 오늘날 집필했다면 이 작품도 달라졌을 것이라는 생각이 든다.

비슷한 시기에 간행된 요시무라의 『관동대진재』와 시바의 『언덕 위의 구름』은 일본인의 역사관에 큰 영향을 미쳤다. 두 작품의 공통점은 패전 이전의 역사를 청산하고 새로운 역사를 그려내려는 강한 의식이다. 학살이라는 일본인의 부정적 측면을 직시한 요시무라의 시도와 군신軍神으로 여겨진 노기 마레스케乃木希典를 평범한 장군으로 묘사한 시바의 시점도 그간의 역사상을 쇄신해 신선하고 매력적이었다. 이것은 패전 이후 거의 사반세기 만에 일본인들이 일으킨 새로운 역사상이었다. 이는 무엇보다 많은 독자가 이 두 책을 지지했다는 사실로 드러난다.

그런 작품들이 세상에 나온 지 거의 반세기가 지났다. 새 자료가 발견되어 연구가 진전되는 것과 함께 이제 새로운 역사상이 필요한 때라는 생각이 든다. '영광스러운 메이지'의 소중한 한 페이지로 이야기되어온 청일전쟁이지만, 개찬되지 않으면 안 될 사실이나 날조된 역사가 있다면 그것이 과연 찬란하거나 자랑스러운 것일까? 관동대지진의 학살 사실을 숨기면 일본의 명예가 지켜질까? 이러한 문제의식은 훨

썬 이전부터 제기되어왔다. 지진 재해로부터 2개월여가 지난 1923년
11월 하순, 외교 문제로 발전한 중국인 학살을 다룬 《요미우리신문》
의 사설은 이렇게 설명한다.

대체로 국가의 명예나 국민의 신용은 기정사실을 사실로 인정
하고 스스로 그 죄과를 광구匡救하는 도덕적 용기를 지녀야 유지
되거나 회복될 수 있다. 그 죄과가 국욕国辱이기보다는 죄과를 고
치지 못하는 것이 오히려 큰 국욕이다.

'광구'란 악을 바로잡고 위험을 구한다는 뜻이다. 정말 그렇다는 생
각이 든다.

전쟁터에 끌려간 병사의 실상

이노우에 가쓰오의 동학농민전쟁 연구는 숨겨져 있던 일본군에 의
한 학살 사실을 밝혀냈다. 일본군의 잔학함은 상상을 초월했다. 이노
우에의 연구는 그 영역에만 머무르지 않았다. 시코쿠 각지의 도서관을
찾아다니며 당시 신문을 뒤지고 수집해서, 징집되어 조선 전쟁터에 보
내진 후비병들의 모습을 추적했다. 에히메현의 《가이난신문海南新聞》은
1894년 7월 23일에 이요군 하부무라(현재의 마쓰야마시)에서 후비병
10여 명이 소집되었음을 알리는 기사를 다음과 같이 게재했다.

미하라三原 모, 나카야中矢 모 2명은 몹시 가난해 이들이 소집에 응한 뒤에는 가업을 이루지 못하고 가족은 금세 입에 풀칠도 할 수 없는 비경에 빠져들었다.

1895년 1월 20일의 《우와지마신문宇和島新聞》에는 「가난한 종군자의 가족」이라는 제목의 기사가 게재되었다. 동학 정토군에 종군한 우와지마 출신 병사 가족의 모습을 전한 기사다. "그 일가는 너무 가난해서 따로 저축한 돈이 있는 것도 아니다. 단지 약간의 곤약 제조를 업으로 삼아 매일 얻을 수 있는 미미한 수익으로" 살고 있었다. 노부모와 아내, 두 자녀 등 여섯 식구로 "남편 분죠우가 군대로 나간 이후, 아내의 고생은 이루 말할 수 없다"고 소개한 뒤, "건강하고도 또 기특한 아내"는 매일 새벽에 일어나 어린아이를 업고 가까운 신불神仏에 참배하며 "이번 전쟁은 일본이 대승을 거두고 남편이 다치지 않도록" 기원하고 있다. "가엾기도 하고 기특하기도 하다"고 보도했다.

《가이난신문》에는 「자식을 죽이고 종군하다」는 기사도 게재됐다. 매우 궁핍한 소작농이 후비병으로 소집됐다. 아내를 잃고 "나 혼자 키우는 아이를 버려두고 갈 수 없다"고 망설이자, 마을 유지가 "종군은 공적인 일이다. 자식 양육은 개인의 몫이다. 산보다 높고 바다보다 깊은 황은을 아는 자는 오늘의 국난에 개인의 사정을 버리고 의용해서 공적인 일에 분발해야 한다"고 설득했다. 그래서 아이를 죽이고 출정했다는 내용이다. 이노우에는 이에 대해 "유포된 소문"이라 적고 있지만, "사회 저변의 울분과 절망감을 포착했다"고 보았다. 조선 전쟁터로 끌려가 동학군과의 장렬한 전투를 강요당한 후비병들이 어떤 사람들인지를 보여준다. 일본의 약자들이 피할 길 없이 전쟁터로 끌려가 조선 사회에서 조선의 약자인 동학 농민들과 싸우던 모습이 떠오른다.

종군일지에는 병사들의 어려운 처지도 기록되어 있다. 일지를 남긴 병사는 전사한 스기노 도라키치 상등병과 동향 친구였다. 11월 11일에는 서울 외곽의 거점에서 "제3중대가 이곳에 왔다. 친구 스기노 도라키치를 만났다"고 적혀 있다. 11월 29일에는 전투 전선에서 재회했다. "친구 스기노 도라키치를 만나 전투 이야기를 비롯해 지금까지의 어려움을 몇 시간에 걸쳐 나누었다"고 기록했다. '지금까지의 어려움'이라는 말이 무겁게 느껴진다. 스기노 상등병의 전사 소식을 알게 된 것은 12월 28일이었다. "불행하게도 스기노 상등병이 지난 10일 연산 전투에서 적탄에 맞아 전사했다는 소식을 듣고 경악해서 눈물을 흘렸다. 친한 친구를 잃어 슬프다." 강추위 속에서 전투는 계속되었다. 12월 14일에는 "오늘 밤 기온은 매우 차다. 세면을 할 때 머리카락이 얼어붙었다". 다음 날인 15일에는 "북풍이 강하고, 한기가 온몸을 휩싼다. 점심밥이 얼어붙었다"고 기술했다. 서울 근처까지 돌아온 2월 24일에는 이렇게 적었다. "출발부터 모두 7개월 동안 매일 소금에 절인 무 또는 소금에 절인 쇠고기와 닭고기를 먹었다. 일본산 간장과 된장 등은 결코 먹을 수 없었다. 콧수염은 3촌 남짓 길었고, 그 모습도 산적 같다. 참으로 전쟁 중인 군인은 이런 것인가."

3촌 남짓이라고 하면 거의 10센티미터다. 병사의 생생한 모습이 떠오른다. 정치 지도자나 장군, 참모들의 모습을 통해 묘사된 것과는 전혀 다른 전쟁의 모습이 거기에 있었다. 그 병사의 모습은 지금까지 읽은 요코하마 소학생의 작문 속의 사람들과 자연스럽게 연결됐다.

병사가 본 조선

종군일지에는 조선인들의 삶도 기록되어 있다. 인천항에 도착한 다음 날, 처음으로 인천 거리를 걸어본 체험은 이렇게 적혀 있다.

여러 곳을 산책하다가 한인 마을에 이르렀다. 그 불결함에 경악했다. 초가집은 기울어져 있고 파리가 많다. 분뇨가 가옥과 도로에 구분 없이 어디든 넘쳐흐른다. 부추를 먹어서인지 그 악취는 실로 구토할 정도다. 때 묻은 손으로 떡, 감, 탁주, 쇠고기, 말고기, 돼지고기, 개고기, 사탕 등을 먹는다. 우리나라의 소나 말 등 가축만도 못하다.

그들은 다음 날 서울로 행군했다. "가는 길에 인분이 많다. 쉴 때도 길거리에 걸터앉을 수 없다." 서울에서의 견문도 남아 있다.

시가지를 산책했다. 그 불결함이 끔찍하다. 거리에는 사람과 짐승의 분뇨가 엄청나다. 겨울이지만 집 안에 파리가 가득하다. 악취가 나고 도로에 오물을 버린다. 집이 아니라 도로에 소변과 배설물을 투기한다. 비가 내릴 때는 마치 뒷간 속을 건너는 것과 같다. ……집 안에 늘 파리가 가득한 것은 냄새가 나기 때문이다. 불결에 경악하여 용산으로 돌아왔다.

이러니 역병도 유행했을 것이다. 민중을 이런 열악한 환경에 두고 아랑곳하지 않는 정치는 어떤 것이었을까? 동학 농민의 봉기만 해도 파견된 관리들의 가혹한 수탈에 대한 항거가 그 시작이었다. 양반이라 불린 고위 관리들은 파벌 싸움을 거듭하여 관직 매매가 일상화됐고, 직책을 맡으면 수탈에 힘쓰는 게 관례였다. 일본이 가해자였고, 조선은 피해자였다. 물론 그렇지만 국가를 단위로 한 그런 이원론만으로는 말할 수 없는 영역, 그런 영역에 다음 시대를 전망하는 역사상의 힌트가 숨어 있지 않을까 하는 생각이 든다.

두 신화의 충돌

역사는 한 집단의 공통된 과거다. 자신을 일본인이라 의식하는 사람들이 함께 가지는 과거가 일본사를 형성하고, 이를 공유함으로써 스스로가 일본인 또는 일본 국민이라는 의식을 키워간다. 그동안 우리는 나라를 단위나 주어로 한 역사를 당연한 것으로 받아들이고, 근대라는 국민국가의 시대를 살아왔다. 하지만 시대는 이미 거기에 앞서고 있다. 세계화가 진행되면서 국가의 벽은 낮아졌다. 무엇보다 인터넷의 보급은 정보에 대한 접근을 획기적으로 용이하게 했다. 기계번역 등 새로운 기술의 혁신은 언어의 장벽마저 낮췄다. 한국에서 일어나는 일들도, 한국의 신문사가 일본어 사이트를 마련해 제공해준다. 무슨 일이 일어나고 있는지, 무슨 생각을 하고 있는지를 상당히 구체적으로 알 수 있다. 그런 새로운 환경은 국내에서만 통용되는 논리의 존속을 어렵게 만들었다. 외국을 향한 방침과 국내를 향한 본심을 나누어 다루려는 시도를 어렵게 만든 것이다.

메이지 이후 일본이라는 국민국가가 자신들의 힘만으로 일궈낸 것으로 그려온 역사상이 한국에 의해 부정되고 있다. 그것이 오늘날의 징용공 소송을 둘러싼 분쟁으로 나타나고 있다. 전후 일본은 전쟁에 대한 반성에서 민주적·과학적·평화적으로 재탄생했다. 역사에서도 전쟁에 대한 강한 반성을 바탕으로 새로운 상을 그려냈다. 그런 생각을 많은 일본인이 떠안고 전후라는 공간을 살아왔다. 한국과의 대립에서 '일본이 옳다'는 자세를 관철할 수 있는 것은 그런 생각이 뒷받침되었기 때문일 것이다.

하지만 그것은 모종의 픽션이다. 신화로 시작되는 패전 이전의 역사를 부정함으로써 전후 일본 사회가 시작되었다고 생각하는 것은 일본의 전후 사회가 신봉한 새로운 신화라고 해도 과언이 아니다. 비판받아야 할 역사도 분명히 있었지만, 그것은 일부에 불과했다. 일본은 패전 이전부터의 역사 인식 대부분을 무의식적으로 계승했다. 한반도와 관련된 부분이 가장 대표적이라는 것은 지금까지의 결과를 통해서도 분명히 알 수 있다.

문재인 대통령이 주창하는 한국의 신화, 그에 맞서는 일본의 전후 신화가 부딪치고 있는 것이 오늘의 역사를 둘러싼 대립이다. 두 신화 모두 국가의 형세를 변명 혹은 변별하는 것이므로 양보할 수 없다. 하지만 그런 신화는 원래 국내용으로 만들어진 것이며, 외국에 대해서는 효력이 없는 숙명을 지닌다. 문제의 해결을 어렵게 만드는 이유 중 하나가 거기에 있을 것이다.

'죽창을 들고'

2019년부터 이듬해인 2020년까지 한국에서 확산된 일본 제품 불매운동에 동학농민전쟁과 독립운동 등 일본에 저항한 역사를 언급하는 발언이 눈에 띄었다. "죽창을 들고"라거나 "독립운동은 못 해도 불매운동은 할 수 있다"는 발언 등이 그것이다. 한국에서 동학농민전쟁을 어떻게 받아들이는지에 관심이 생겨 살펴보았다. 일본에서 동학당의 난, 갑오농민전쟁, 동학농민전쟁으로 호칭이 점차 바뀌게 된 이유에 대해서도 관심이 있었다.

동학농민전쟁에 대한 현창顯彰이 본격화한 것은 1961년에 등장한 박정희 대통령이었다. 군사 쿠데타로 장악한 정권이기에 결락된 정통성을 동학 농민들의 역사에서 찾았다. 악정을 전복시킨 동학 농민의 정신을 계승하자는 맥락에서 각지에 현창비가 세워졌다. 이어 등장한 전두환 대통령도 군사 쿠데타로 집권했다. 전두환 정권 역시 박정희 정권 이상으로 동학 농민 현창에 열정적이었다. 같은 성씨인 동학의 지도자 전봉준에 자신을 빗대고 싶었기 때문이다. 농민들의 운동을 봉건적 지배나 외국의 침략에 저항하는 민중의 근대화 운동으로 이해하는 것이 역사 연구자들 사이에서는 큰 흐름이었다.

　하지만 그 운동에서 동학의 역할을 둘러싸고, ① 동학에 의한 종교 투쟁과 ② 동학은 외피이며 운동을 주도한 것은 소작농을 중심으로 한 빈농층이라는 해석으로 나뉘었다. ②는 원래 북한의 시각이었으나, 1980년 광주민주화운동을 계기로 남한 연구자들 사이에서 받아들여지면서 갑오농민전쟁이라는 호칭이 확산되었다. 이후 민주화가 이루어지면서 1988년 서울올림픽을 거쳐 1994년에 맞이한 농민전쟁 100주년을 전후해 동학의 역할을 중시하는 ①의 시각이 지지를 얻게 됐다. 2004년부터는 국가 공인으로 동학농민혁명 기념사업이 추진되었고, 2007년에는 '동학농민혁명 참가자 등의 명예회복에 관한 특별법'이 제정되어 동학농민혁명이라 부르는 것이 보편화되었다.

징용공 소송과 병행하듯 동학농민혁명이라는 역사상이 퍼진 듯하다. 촛불을 든 민중운동으로 박근혜 정권을 무너뜨리고 등장한 문재인 정권과 그 지지자들의 시선이 동학 농민의 모습으로 향하는 것은 지극히 자연스러울 것이다. 일본에서 호칭이 바뀐 것은 이런 한국에서의 동향을 반영한 것으로 보인다. 그렇지만 내가 품어온 역사 이미지를 되돌아보면 반세기 전 고교생 때 배운 '동학당의 난'에서 달라진 게 없음을 절감할 뿐이다.

일본이 수출규제를 내놓자 한국은 경제제재라며 강하게 반발했다. 징용공 문제에 대한 보복이 아니라 무역 관리 문제라고 일본은 설명했지만, 한국은 전혀 수용하지 않았고 한국 내에서는 불매운동이 확산됐다. 그런 보도를 날마다 접하다 보니 『조선의 비극』의 한 구절이 떠올랐다. 일본군에 의해 초토화된 현장에서 매켄지가 되새긴 말이었다.

이 패거리에게는 일본의 강한 맛을 보여주는 것이 필요하다.
⋯⋯우리는 일본이 얼마나 강한지 그들에게 일깨워줘야 한다.

서울에서 만난 고위급 지위에 있는 일본인이 한 말이었다. 오늘날 일본 정부의 의도도 흡사하다. 나는 그런 생각을 품었다. 조사를 통해 여기까지 살펴보지 않았다면 품지 않았을 생각이다. 죽창과 의병, 독립운동의 역사를 앞세워 행동하는 한국인들은 그런 생각을 당연하게 느끼고 있을 것이다. 그런 생각이 든다.

맺음말

 내가 태어나고 자란 후쿠시마의 작은 마을은 보신전쟁의 전쟁터였다. 그 당시에 불에 탄 성터 바로 옆에 위치한 소학교에 다녔고, 소풍으로 간 곳이 전쟁터 유적이었다. 국가 차원에서 메이지 100년 축제가 거행된 것은 6학년 때였다. 아이즈會津의 백호대白虎隊[*]만큼 유명하지는 않지만, 어린 소년들이 병사로 전투에 가담한 역사가 있어, 기념 행사로 당시의 출진을 본뜬 행렬을 하게 되어 나도 그 일원으로 선출됐다. 가을이었던 것으로 기억한다. 그럴듯한 옷차림을 하고 소년병의 이름을 적은 명찰을 달고 줄지어 서 있는데, 고령의 한 여성이 다가와 내 손을 잡았다. 아무 말도 하지 않았지만 내가 아버지인지 할아버지인지 그 여성의 친척 역할을 맡고 있다는 것을 깨달았다.

 사쓰마나 조슈와 같은 큰 번은 아니지만, 후쿠시마에서도 300명 이상이 전사한 것으로 알려져 있다. 그런 희생을 치르면서도 후쿠시마는 반란군으로 몰린 패자의 입장이다. 그들에게 허용된 것은 조용히 슬퍼하거나 작게 말하는 것이었다. 그렇게 한 세기가 지나도 생활 주변 곳곳에 전투의 기억은 짙게 남아 있다. "영주는 이 길을 지나 도망

[*] 1868년의 보신전쟁 당시 아이즈번 사무라이의 자제들로 조직된 부대.

쳤다"는 말을 나는 여러 번 들었다. 신정부 측에 붙은 것으로 알려진 인근 마을에서는 며느리를 받을 수 없다는 것도 배웠다. 역사를 좋아했던 아버지의 말이 아니라, 대개는 역사에 관심이 없을 것 같던 어머니의 말이었다. 어머니 또한 분명 살면서 그런 말을 반복해서 듣고 자랐을 것이다.

한일 역사 대립의 원점이라고 할 수 있는 한국병합은 벌써 110년이 지났다. 인간에게 세월이란, 기억이란, 망각이란 무엇일까? 그런 생각을 하면 소년 시절의 추억이 되살아난다. 공식 기록으로 남기지 않더라도 고난의 기억은 풀뿌리 속에서 전해질 것이다. 희생과 슬픔, 억울한 마음은 더 깊이 새겨질 것이다. 그러고 보니 일본군에 의한 세균전 피해 실태를 조사하던 중국인 연구자에게 들은 이야기가 있다. 그는 "피해자와 유족이 고령화되고 있다. 시간이 지나면 흐지부지될 것이라고 일본인들은 생각할지 모르지만 우리는 절대 잊지 않는다"고 말했다. 그 강렬한 말에 압도당했던 기억이 떠올랐다.

역사를 놓고 왜 이렇게 다투는 걸까? 그런 생각을 꽤 오랫동안 해왔다. 특히 한일 갈등은 큰 현안이었다. 여러 사람에게 묻고 책을 훑어보았다. 그래도 석연치 않았다. 그래서 나름대로 살펴보다가 한 권의 책으로 정리하겠다고 생각한 것은 2019년 출간된 『반일종족주의』가 계기였다. 나는 편저자인 이영훈 전 서울대 교수의 연구와 활동을 오래전부터 주목했다. 발매 당일에 입수해 그날 전부 읽었다. 찬동할 수 없는 점, 지식이 없어 판단할 수 없는 부분도 있었지만 흥미로웠다. 무엇보다 한국에서의 변화를 느꼈다.

일본인들이 한일 문제에 관심이 많다는 것을 입증이라도 하듯, 이 책은 일본에서 베스트셀러가 됐다. 인터넷 공간에서의 언설을 보면 일본의 면죄부로 받아들인 사람이 많은 것 같았다. 위안부와 징용공, 식민지 지배 등 한국이 강하게 일본을 몰아붙인 문제에서 일본의 주장이 옳다는 것이 증명되었다고 보고, 이 책을 토대로 한국을 비판하는 목소리는 한층 거세졌다. 그런 분위기에 위화감을 느꼈다. 이영훈 등이 원래 목표로 한 것은 '서로 다른 역사의 시각'이 있음을 한국인들에게 제시하려는 것이었다. 나는 그렇게 생각했다. 이 책은 현재 한국에서 큰 힘을 갖고 있는 '반일'을 축으로 한 민족주의적 역사관에 대해 이의제기를 하고 일본을 비판만 할 것이 아니라 자신들이 품은 역사상을 재검토해보자는 호소였을 것이다. 상당한 의지를 담은 출판이 아니었을까, 얼마나 용기와 각오가 필요했을까 하는 생각이 들었다.

그런 위화감에 힘입어 작업을 시작했지만, 차례차례 새로운 사실을 알게 됐다. 일본열도 안팎으로 조각난 역사적 사실이 결합되는 것을 깨닫자 뜻밖의 역사상이 떠올랐다. 내가 알던 그간의 역사는 무엇이었을까 자주 이렇게 자문하게 됐다. 그 자문은 과거에 무슨 일이 있었는가 하는 것에 그치지 않고, 오늘을 살아가는 우리 일본인의 역사 인식에 대한 질문이라는 생각이 깊어졌다. 비슷한 의문이나 앙금을 품고 있는 사람도 있을 것이다. 무언가 도움이 되면 좋겠다.

여기에 이르기까지는 많은 분들에게 가르침을 받았다. 특히 와세다 대학 이성시 교수, 교토대학 다카기 히로시高木博志 교수, 한국 대전대학교 도면회 교수, 국민대학교 류미나 교수의 조언과 도움이 없었다면 이 책은 빛을 보지 못했을 것이다. 붓을 놓으면서 깊은 감사를 표하고 싶다.

옮긴이의 말

1945년 8월 15일 정오, 히로히토 천황의 '종전의 조서詔書'가 라디오를 통해 흘러나왔다. 많은 이가 이른바 옥음방송玉音放送에 귀를 기울였지만, 잡음이 심해 세밀한 내용까지는 완전히 알아듣지 못했다. 최고 통수권자인 히로히토의 입에서 '일본이 전쟁에 지고 말았다'는 엄연한 현실을 막연히 인지했을 뿐이었다. 일본은 황거 앞에서 무릎을 꿇고 하염없이 눈물을 흘리는 여성의 모습으로 표상되는 패전을 맞이한 것이다.

제국 일본의 붕괴는 일본인의 삶을 뒤흔들어놓았다. 식민지 조선과 타이완은 이제 더 이상 지배 대상이 아니었다. '만주국'과 중국에 대한 영향력은 물거품이 되고, 남양군도의 지배권도 상실했다. 식민지에 군림하던 지배자의 우월감과 그동안 특권을 보장해주던 식민지 통치 시스템도 연합군에 의해 해체되었다. 일본인의 심층 의식에도 '역전'이 일어나, 제국의 '일등 신민'에서 패전국의 '국민'으로 추락했다. 해외에 거주한 일본인들은 식민지에 쌓아둔 경제적 기반을 포기한 채, 미래에 대한 보장 없이 본국으로 귀환을 서두를 수밖에 없었다.

패전으로 인해 일본인의 역사 인식은 근본적으로 뒤바뀔 수밖에 없었다. 천황제 이데올로기에 편승하여 무모하게 전개된 침략 전쟁의 결과는 히로시마와 나가사키로 상징되는 '피폭 국가'의 현실과 아픔으로 다가왔다. 연합군사령부GHQ로 상징되는 미국의 점령은 일본인의 일상을 근본에서부터 재편성했다. 점령군의 진주進駐와 위용威容은 일본인에게 더 이상 맞설 수 없는 공포의 대상으로 각인됐다.

그러나 일본의 동아시아에 대한 인식은 서구에 대한 그것과는 달리 크게 변하지 않았다. 망각과 침묵 속에서 오히려 대륙 침략과 식민지 지배를 합리화하면서 허세에 찬 공격 본능을 노골적으로 표출했다. 일본은 미국에는 항복할 수밖에 없었지만, 조선이나 중국에는 지지 않았다는 왜곡된 역사관을 광범히 하게 확산시켰다. 그 결과로 일본인에게 패전의 체험은 의식의 '단절과 연속'이라는 이중적인 형상으로 표출됐다.

조선에 대한 식민지 지배를 둘러싼 전후 일본의 역사관 역시 근본적으로 바뀌지 않았다. 오히려 왜곡이 증폭되고 있다. 일본 정치 지도자들에 의해 빈번히 반복되는 망언과 왜곡된 교과서 채택의 움직임 등 1990년대 중반 이후 노골적으로 표출된 일본의 역사 수정주의는 이런 인식을 반증한다. 이들은 교과서가 근현대사 부분에서 일본의 제국주의적 침략과 식민지 지배, 전쟁 책임 문제 등을 과도하게 강조하여 전체적으로 일본의 '어두운' 면만을 두드러지게 만들었다고 비판했다. 식민지 지배의 참상을 있는 그대로 서술하는 것은 일본의 치부를 드러내는 것으로 받아들여졌다. 또 이들은 인터넷 매체를 통해 침략 전쟁을 미화하고, 국가에 대한 일본식 '애국심'을 강요하며, 국가를 위해 목숨까지도 버릴 수 있는 '국민 만들기'로 지지층을 확대하는 중이다.

우리는 동아시아 구성원으로서 몇 가지 물음을 제기하지 않을 수 없다. 역사적으로나 국제적으로 도저히 정당화될 수 없는 이런 사태가 일본 사회에서는 어떻게 허용되는가? 일본의 정치 지도자는 왜곡된 전쟁관과 역사관을 당당히 발언하는 것을 왜 부끄러워하지 않는가? 왜 일본은 과거를 미화하고 반성하지 않는가? 지금 우리는 무엇을 해야 하는가? 한일 간의 역사 문제를 어떻게 청산할 수 있을까? 야만의 역사를 어떻게 기억하고 후세에게 전승할 것인가?

이런 물음에 대답하기 위해 두 가지를 동시에 검토할 필요가 있을 것이다. 하나는 국가주의적인 의식과 운동의 확대를 허용한 1990년대 일본의 역사적 조건이고, 또 하나는 전후 일본 사회가 지속적이고 은밀하게 확산시켜온 독선적인 내셔널리즘이다. 요컨대 일본의 침략 전쟁과 식민지 지배의 기반이던 국가주의가 전후 일본에 그대로 이어진 배경을 면밀하게 살펴보아야 한다. 역사의 왜곡과 과정은 결코 용인되어서는 안 된다.

한일 양국은 상호 공유하고 있는 역사적 사실에 대한 객관적 인식이나, 그 역사 사실에 대한 해석에 있어서 현격한 차이를 드러내고 있는 부분이 적지 않다. 두 나라 사이의 역사 분쟁은 기본적으로 과거 일본의 제국주의 학자들이 한국에 대해 가지고 있던 식민 사학에서 기인한다. 최근에도 일본 중등학교 역사 교과서는 과거 제국 일본이 가지고 있던 쇼비니즘적·군국주의적인 역사 인식을 그대로 반영함으로써 인접국에 대한 편견을 조장하고 있다.

이 책은 기자로 40년간 일선에서 취재한 역사 전문 기자의 끈질긴 탐구의 성과물이다. 저자는 한일 역사 갈등을 둘러싼 연구 성과를 접하면서도 근원적인 해결이 요원한 '왜 다투는가'에 대한 명확한 답변을 얻을 수 없었다고 토로한다. 연구실 안에서 역사를 서술한 이른바 전문가 집단의 성과가 사회화되지 못한 뼈아픈 지적이기도 하다. 깊이 반성할 대목이다. 책의 저변에는 저널리스트의 감각으로 현장을 살펴보고 발로 직접 사료를 세밀하게 찾아보는 성실한 태도가 돋보인다. 일본인으로서 자기 모습을 객관화시키려는 노력의 결정체다. 저자의 말대로 역사를 정치의 도구로 만들어서는 안 된다. 그러기 위해 과연 무엇이 필요할까? 무엇보다 요구되는 것은 역사적 사실에 기반해 시민의 한 사람으로서 냉정하게 역사를 바라보는 시각일 것이다.

2023년, 오늘날에 이르기까지 양국 사이의 역사 분쟁은 해결의 조짐을 보이지 않는다. 역사의 부정적 측면을 서술하는 일은 결코 자학적인 일이 아니다. 주지하듯이 독일의 역사 교과서에는 나치즘의 범죄나 비인도적 행위에 관해 상세히 서술하고 있다. 독일인들은 선조들이 저지른 과거의 침략과 비인도적 행위를 배움으로써 현대 독일을 개척

할 수 있었다. 또 역사를 기술하는 일에 아무리 공정을 기울여도 현재의 가치관이나 세계관으로부터 완전히 객관적일 수는 없다. 오히려 현재의 가치 기준으로 검증하면서 역사를 배우는 것이야말로 미래의 역사 행로를 밝히는 작업과 연결될 것이다.

독자들과 함께 한일 양국은 '왜 다투는가'에 대한 해답을 얻을 수 있으면 좋겠다.

2023년 1월

이규수

자료 「朝鮮騷擾事件ニ対スル鮮人ノ言説ニ関スル件」

「조선소요사건에 대한 선인 언설에 관한 건」의 원문 자료를 소개한다. 국립공문서관이 소장한 1919년 내각 비서관실의 '채여공문' 자료로 요코하마시 역사박물관의 이노우에 오사무가 판독했다.

大正八年五月五日

外務大臣子爵内田康哉 (印)

内閣総理大臣原敬殿

朝鮮騷擾事件ニ対スル鮮人ノ言説ニ関スル件

本件ニ関シ別紙写之通在安東森領事報告有之候ニ付, 御参考迄右及御送付候, 敬具

写

機密公第二五號

大正八年四月四日

在安東領事森安三郎

外務大臣子爵内田康哉殿

朝鮮騒擾事件ニ対スル鮮人ノ言動ニ関シ報告之件

平安北道義州批峴面長生洞人ニシテ現ニ長春新市街ニ於テ商業ヲ営ム元総督府警視勲六等李鮮協ハ商用ノ為メ客月廿五日当地来着目下一鮮人旅館ニ宿泊中之処同人ハ這般ノ朝鮮騒擾事件ニ関シ大要左ノ如ク語レリトノ趣ニ有之候

一, 海外殊ニ満州地方在住ノ鮮人ハ右地程在日本官憲ニ於テ内地人トノ区別ナク懇切ニ保護指導ヲ受ケ居ルヲ以右方概シテ満足ニ其業務ニ従事シ居レリ

一, 鮮地ニ於テハ或場所ノ如キ日本人書記カ鮮人郡守ニ対シ公務ノ際ニ在リテモ郡守ヲ呼フニ「君」又ハ「御前」ノ語ヲ用キ居ルモノ尠カラスシテ官吏服務規律ハ全ク行ハレ居ラス之カ為メ鮮人官吏ハ恒ニ悪感情ヲ懐キ表面上日本人官吏ノ命スルカ儘ニ職務ヲ施行ニ居レルモ内心暗ニ排日思想ヲ有セサル者ナキ状態ナルヲ以テ朝鮮総督ハ此懸ニ関シ一大改革ヲ為スノ必要アリ

一, 朝鮮総督ハ鮮人貴族七十二名ヲサヘ優遇セハ他ハ如何ニ圧迫ヲ加フルモ差支ナシト解シ居ルヤノ感ナキ能ハサルハ寔ニ遺憾トスル次第ナリ, 日鮮併合後十個年ノ今日ニ於テ斯ノ如ク一斉ニ排日的騒擾ヲ惹起シメルハ全ク総督政治カ如何ニ高圧的ニ行ハレ居タルヤヲ証スルニ足ルベシ

一, 従来鮮人官吏ニハ日本留学生出身者ヲ採用シタルコト稀ナルノミナラス彼等帰鮮ニ際シ警視庁ニ於テハ直ニ要視察人物中ニ編入シ常ニ尾行シ

テ彼等ノ動静ヲ視察セシメツツアルヲ以テ彼等ハ自然之ヲ嫌厭シ, 其結果海外ニ移住スルモノ多キニ至ル,而シテ日本ノ方針ハ鮮人ニ対シ高等教育ヲ授クルヲ好マス又之ヲ官公吏ニ採用スルヲ現セス畢竟有識階級ノ鮮人ヲシテ羨望ヲ得セシメサルカ如キ方策ハ将来大ニ考慮ヲ要スヘキモノニシテ是又今回騒擾事件ノ一原因ヲ為シタルモノナルヘシ

一, 下級鮮人官吏ニ対シ日本人同様ノ俸給ヲ給シ充分活働ノ余裕ヲ与フルトキハ其ノ使用人員ヲ減スルコトヲ得テ頗ル得策ナリ而シテ鮮人ハ早婚ノ関係上憲兵補助員又ハ巡査補ノ如キハ家族四五名ヲ有スルモノ多シ然ルニ彼等カ僅カニ月額十二円ノ給与ヲ受ケ物価昂騰ノ今日生活ノ容易ナラサルハ明ナル事実ナリ従テ彼等ハ生活難ノ為メ地方ニ於テハ小売商人ヨリ懸買ヲ為シ五六ケ月間モ支払ハサルモアリ若シ之ヲ催促センカ清潔法検査等ノ場合ニ於テ猥リニ彼等ヲ苦シメ或ハ鮮語不解ノ日本巡査及憲兵ニ対シ自分勝手ノ通訳ヲ為シ良民ヲ殴打セシムル等ノ非行ヲ放テン其結果日本人官吏ヲ批難スルニ至ルコト多シ就テハ現下ノ継子扱ノ如キ策ハ此際根本的ニ一大改善ハ必要トス然ラサレハ斯ル不満ノ思想ハ益瀰漫シテ遂ニ大事ヲ惹起スルニ至ルナキヲ保レ難シ云々

右ハ一個人ノ談話ニ候共, 一応肯綮ニ当レル観察トモ思考セラレ候ニ付御参考迄此段及申報候, 敬具

写送付先在支公使, 朝鮮政務総督

참고문헌

秋山博志, 『徴兵制の成立と変遷』(『地域のなかの軍隊8』 吉川弘文館, 2015).

亜細亜政策研究院, 『韓国イデオロギー論』 (成甲書房, 1978).

五十嵐憲一郎, 『日清戦史第一第二編進達二関シ部長会議ニ一言ス』 (『軍事史学』 148, 軍事史学会, 2002).

李泰鎮, 『日本の大韓帝国国権侵奪と条約強制』(『国際法からみた韓日歴史問題』, 東北亜歴史財団, 2008).

李栄薫, 『大韓民国の物語』 (文藝春秋, 2009).

李栄薫編著, 『反日種族主義』 (文藝春秋, 2019).

李栄薫編著, 『反日種族主義との闘争』 (文藝春秋, 2020).

一ノ瀬俊也, 『旅順と南京』 (文春新書, 2007).

伊藤泉美, 『関東大震災と横浜華僑社会』(『横浜開港資料館紀要』 15, 1997).

伊藤泉美, 『「横浜大震災中之華僑状況」に見る関東大震災前後の横浜華僑社会』 (『横浜開港資料館紀要』20, 2002).

伊東順子, 『病としての韓国ナショナリズム』, (洋泉社新書, 2001).

今井清一, 『横浜の関東大震災』, (有隣堂, 2007).

今井清一, 『関東大震災と中国人虐殺事件』(朔北社, 2020).

今井清一・仁木ふみ子, 『資料集 関東大震災下の中国人虐殺事件』 (明石書店, 2008).

井上勝生, 『東学農民軍包囲殲滅作戦と日本政府・大本営』(『「韓国併合」100年を問う 「思想」特集・関係資料』, 岩波書店, 2011).

井上勝生, 『明治日本の植民地支配』, (岩波現代全書, 2013).

井上勝生, 『東学農民戦争 抗日蜂起と殲滅作戦の史実を探求して』 (『人文学報』 111, 京都大学人文科学研究所, 2018).

井上勝生, 『東学党討伐隊兵士の従軍日誌』 (『人文学報』 111, 京都大学人文科学研究所, 2018).

内田雅敏, 『元徴用工和解への道』 (ちくま新書, 2020).

内村鑑三, 『内村鑑三日記書簡全集7』 (教文館, 1965).

海野福寿, 『韓国併合』 (岩波新書, 1995).

海野福寿編著, 『日韓協約と韓国併合』 (明石書店, 1995).

海野福寿, 『韓国併合史の研究』 (岩波書店, 2000).

呉善花, 『韓国併合への道 完全版』 (文春新書, 2012).

大澤博明, 『川上操六側近と陸奥宗光側近の証言―日清戦争関係新出史料』 (『日本歴史』 744, 日本歴史学会, 2010).

大澤博明, 『「征清用兵·隔壁聴談」と日清戦争研究』 (『熊本法学』 122, 熊本大学法学会, 2011).

大澤博明, 『陸軍参謀 川上操六』 (吉川弘文館, 2019).

小笠原強·宮川英一, 『関東大震災時の中国人虐殺資料を読む』 (『専修史学』 58, 専修大学歴史学会, 201).

小笠原強·宮川英一, 『関東大震災時の中国人虐殺資料を読む(二)』 (『専修史学』 61, 専修大学歴史学会, 2016).

小笠原強, 『解題 資料「日本震災惨殺華僑案」第四冊·附件2~5号の内容とその意義』 (『専修史学』 61, 専修大学歴史学会, 2016).

岡本隆司, 『世界のなかの日清韓関係史』 (講談社選書メチエ 2008).

小倉紀蔵, 『朝鮮思想全史』 (ちくま新書, 2017).

加藤直樹, 『九月,東京の路上で』 (ころから, 2014).

加藤直樹, 『トリック 「朝鮮人虐殺」をなかったことにしたい人たち』 (ころから, 2019).

ブルース カミングス, 『現代朝鮮の歴史』 (明石書店, 2003).

神奈川県警察史編さん委員会, 『神奈川県警察史』上巻 (神奈川県警察本部, 1970).

神奈川県自治総合研究センター, 「国際化に対応した地域社会のあり方」研究チーム, 『神奈川の韓国·朝鮮人』 (公人社 1984).

川瀬貴也, 『植民地朝鮮の宗教と学知』 (青弓社, 2009).

姜徳相, 『関東大震災』 (中公新書, 1975).

姜徳相, 『新版·関東大震災·虐殺の記憶』 (青丘文化社, 2003).

関東大震災五十周年朝鮮人犠牲者追悼行事実行委員会, 『歴史の真実―関東大震災と朝鮮人虐殺』 (現代史出版会, 1975).

木村幹, 『日韓歴史認識問題とは何か』 (ミネルヴァ書房, 2014).

木村光彦, 『日本統治下の朝鮮』 (中公新書, 2018).

金文子, 『朝鮮王妃殺害と日本人』 (高文研, 2009).

金重明, 『朝鮮王朝の滅亡』 (岩波新書, 2013).

金静美, 『三重県木本における朝鮮人襲撃·虐殺について』 (『在日朝鮮人史研究』 18, 在日朝鮮人運動史研究会, 1988).

憲兵司令部, 『西伯利出兵憲兵史』 (国書刊行会, 1976).

熊谷正秀, 『日本から観た朝鮮の歴史』 (展転社, 2004).

黒田勝弘, 『韓国人の歴史観』 (文春新書, 1999).

黒田勝弘, 『韓国　反日感情の正体』 (角川oneテーマ21, 2013).

黒田勝弘, 『隣国への足跡』 (角川書店, 2017).

後藤周, 『関東大震災研究ノート』 (私家版, 2009~2021).

里見弴, 『安城家の兄弟』 (岩波文庫, 1953).

里見弴, 『私の一日』 (中央公論社, 1980).

後田多敦, 『琉球…救国運動』 (出版舎Mugen, 2010).

柴田政子, 『アジアにおける日本の「歴史問題」―戦後構想と国際政治文脈の比較の視点から』 (『東アジアの歴史政策』 明石書店, 2008).

高崎宗司, 『「妄言」の原形』増補三版, (木犀社, 2002).

竹内康人, 『韓国徴用工裁判とは何か』 (岩波ブックレット, 2020).

ニック タース, 『動くものはすべて殺せ』 (みすず書房, 2015).

趙景達, 『異端の民衆反乱』 (岩波書店, 1998).

趙景達, 『近代朝鮮と日本』 (岩波新書, 2012).

趙景達, 『近代日朝関係史』 (有志舎, 2012).

朝鮮軍司令部, 『間島出兵史』 (韓国史料研究所, 1970).

朝鮮駐箚軍司令部, 『朝鮮暴徒討伐誌』 (朝鮮総督官房総務局, 1913).

朝鮮総督府官房庶務部調査課, 『朝鮮の独立思想及運動』 (朝鮮総督府官房庶務部調査課, 1924).

崔基鎬, 『日韓併合』 (祥伝社, 2004).

崔文衡, 『韓国をめぐる列強の角逐』 (彩流社, 2008).

塚本隆彦, 『旧陸軍における戦史編纂―軍事組織による戦史への取組みの課題と限界』 (『戦史研究年報』 10, 防衛省防衛研究所戦史部, 2007).

月脚達彦, 『朝鮮開化思想とナショナリズム』 (東京大学出版会, 2009).

土屋道雄, 『人間東條英機』 (育誠社, 1967).

帝国在郷軍人会熊谷支部, 『支部報·震災特別号』 (帝国在郷軍人会熊谷支部, 1923).

東条英教, 『征清用兵 隔壁聴談』 (防衛省防衛研究所所蔵, 1897).

戸塚悦朗, 『「徴用工問題」とは何か?』 (明石書店, 2019).

外村大, 『朝鮮人強制連行』 (岩波新書, 2012).

戸部良一, 『朝鮮駐屯日本軍の実像：治安・防衛・帝国』 (『日韓歴史共同研究報告書』 第三分科会篇下巻, 日韓歴史共同研究委員会, 2005).

中塚明, 『歴史の偽造をただす』 (高文研, 1997).

中塚明, 『現代日本の歴史認識』 (高文研, 2007).

中塚明・井上勝生・朴孟洙, 『東学農民戦争と日本』 (高文研, 2013).

永原陽子, 『「韓国併合」と同時代の世界,そして現代―アフリカの視点から』 (『「韓国併合」100年を問う 2010年国際シンポジウム』 岩波書店, 2011).

南基正, 『一九六五年体制と今後の韓日関係―韓国からの提言』 (在日法律家協会会報『エトランデュテ』 3, 2020).

西坂勝人, 『神奈川県下の大震火災と警察』 (警友社, 1926).

日本交通公社社史編纂室, 『日本交通公社七十年史』 (日本交通公社, 1982).

原敬, 『原敬日記』 (福村出版, 1965).

原田敬一, 『日清戦争』 (吉川弘文館, 2008).

朴一, 『朝鮮半島を見る眼』 (藤原書店, 2005).

朴裕河, 『韓国ナショナリズムの起源』 (河出文庫, 2020).

韓桂玉, 『「征韓論」の系譜』 (三一書房, 1996).

樋口雄一, 『自警団設立と在日朝鮮人』 (『在日朝鮮人史研究』 14, 在日朝鮮人運動史研究会, 1984).

樋口雄一, 『在日朝鮮人と震災後の地域社会』 (『海峡』 15, 朝鮮問題研究会, 1990).

樋口雄一, 『協和会―戦時下朝鮮人統制組織の研究』 (社会評論社, 1986).

黄玹, 『梅泉野録』 (朴尚得訳,国書刊行会, 1990).

藤井忠俊, 『在郷軍人会』 (岩波書店, 2009).

藤野裕子, 『民衆暴力』 (中公新書, 2020).

保阪正康, 『戦場体験者沈黙の記録』 (ちくま文庫, 2018).

保谷徹, 『戊辰戦争』 (吉川弘文館, 2007).

白忠鉉, 『日本の韓国併合に対する国際法的考察』 (『国際法からみた韓日歴史問題』 東北亜歴史財団, 2008).

松下芳男, 『日本軍閥の興亡』 (芙蓉書房, 1984).

毎日新聞社, 『日本陸軍史』 (『日本の戦史別巻①』 毎日新聞社, 1979).

松本厚治, 『韓国「反日主義」の起源』 (草思社, 2019).

F.A. マッケンジー, 『朝鮮の悲劇』 (東洋文庫, 1972).

宮地忠彦, 『震災と治安秩序構想』 (クレイン, 2012).

民団神奈川県本部, 『関東大震災横浜記録』 (在日大韓民国居留民団神奈川県本部, 1993).

武藤正敏, 『日韓対立の真相』 (悟空出版, 2015).

武藤正敏, 『韓国人に生まれなくてよかった』 (悟空出版, 2017).

武藤正敏, 『文在寅という災厄』 (悟空出版, 2019).

文京洙, 『在日朝鮮人問題の起源』 (クレイン, 2007).

文玉柱, 『朝鮮派閥闘争史』 (成甲社, 1992).

横浜市教育委員会, 『横浜の歴史』 (横浜市教育委員会, 1971).

横浜市教育委員会, 『横浜の歴史・中学生用一九版』 (横浜市教育委員会, 1990).

横浜市教育委員会, 『横浜の歴史・中学生用三六版』 (横浜市教育委員会, 2006).

横浜市教育委員会・かながわ検定協議会, 『わかるヨコハマ』 (横浜市教育委員会, 2014).

吉澤文寿, 『日韓会談1965』 (高文研, 2015).

吉村昭, 『関東大震災』 (文春文庫, 2004).

吉村昭, 『史実を追う旅』 (文春文庫, 1991).

山崎雅弘, 『歴史戦と思想戦』 (集英社新書, 2019).

吉野誠, 『東アジア史のなかの日本と朝鮮』 (明石書店, 2004).

陸軍省, 『朝鮮騒擾経過概要』 (国立公文書館蔵, 1919).

和田春樹, 『日本と朝鮮の一〇〇年史』 (平凡社新書, 2010).

和田春樹, 『韓国併合　一一〇年後の真実』 (岩波ブックレット, 2019).

和仁健太郎, 『元徴用工訴訟問題と日韓請求権協定』 (国際法学会ホームページ, 2019).

찾아보기